淸溪文學 제2호 / 2012

표지화 : 을지출판공사 소장 판화 일부

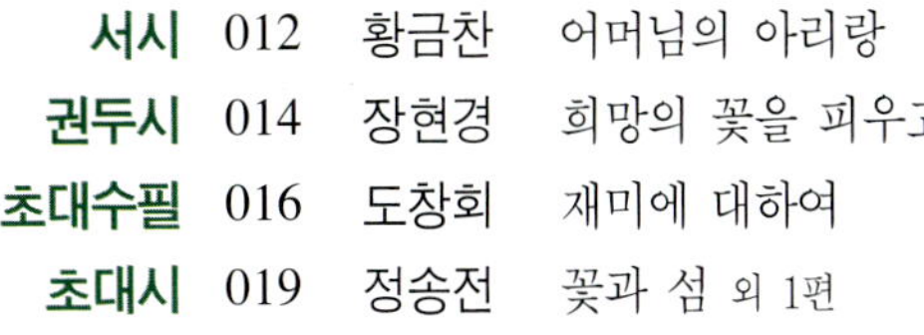

문학상 수상자 고경자

문학상 수상자 모춘자

문학상 수상자 장경복

문학상 수상자 전성경

문학상 수상자 최민희

문학상 수상자 정금자

신인상 당선자 박종수

신인상 당선자 조영술

신인상 당선자 임상빈

신인상 당선자 노화식

신인상 당선자 윤덕진

신인상 당선자 이인자

신인상 당선자 최미정

신인상 당선자 마영임

신인상 당선자 유성복

청계문학 창간호 출판기념회(2011.11.1)

1

2

3

4

5

6

7

1 청계문학 창간호 표지
2 청계문학 창간호 출판기념회
3 손민수 문학상 대상 수상
4 민경옥 문학상 대상 수상
5 유성복 신인등단 당선자
6 이태명 신인등단 당선자
7 김대명 신인등단 당선자
8 출판기념사를 하는 장현경 회장
9 청계문학 출판기념회 국민의례
10 격려사를 하는 서병진 시인
11 사회를 보는 고경자 시인
12 출판기념패 증정/시상 김성계 시인
13 소감을 피력하는 마영임 시인
14 신인 당선패를 받은 마영임 시인
15 축하 연주하는 김승수 후원회장
16 청계문학 출판기념회에서 축하공연
17 시 신인수상자(좌부터) 이태명·김대명·유성복·마영임 당선자와 장현경 청계문학회 회장(중앙)

청계문학상 및 신인상 시상식(2011.11.1)

청계문학회의 각종 모임과 행사

1 문학강의를 마치고(2012. 5. 3)
2 제15회 청계문학회 축사/ 도창회 고문(2012. 6. 28)
3 송년 문학의 밤 사회자/ 고경자 시인(2011. 12. 22)
4 문학강의 마치고(2012. 6. 14)
5 스승의 날 기념식(2012. 5. 17)
6 시와 음악의 만남에서 (2011. 12. 26)
7 제15회 청계문학회 가족 (2012. 6. 28)

청계문학회의 각종 모임과 행사

1 한국신문학상 시상식(2011. 11. 26)
2 이근배 시인 육필시화전 (2011. 12. 29)
3 한국신문학상 시부문 대상을 수상하며(2011. 11. 26)
4 한국신문학상 시상식(2011. 11. 26)
5 이근배 시인 육필시화전 (2011. 12. 29)
6 김미정 시인 문학상 수상을 축하하며(2011. 11. 17)
7 한국신문학상 시상식(2011. 11. 26)

청계문예대학 기념여행기

1 청계문예대학 2기 1학기 종강 기념여행(두물머리에서, 2012. 7. 5)
2 구룡사 가는 길(2012. 4. 26)
3 청계문학 봄 문학기행 저녁식사 준비 중(2012. 4. 26)
4 청계문예대학 2기 1학기 종강기념여행(황순원 문학관, 2012. 7. 5)
5 구룡사 가는 길(2012. 4. 26)
6 옻칠기공예관 앞에서(2012. 4. 26)
7 구룡사에서(2012. 4. 26)

허균·난설헌문학상 시상식(2012. 4. 25)

1 허난설헌문학상 시부문 본상 수상
2 허난설헌문학상 시상식장에서
3 허난설헌문학상 시부문 본상 수상 소감 발표
4 허난설헌문학상 시상식장에서
5 허난설헌문학상 시상식장에서
6 허난설헌문학상 시상식장에서
7 허난설헌문학상 시상식장에서

청계문예대학 신춘회(2012. 2. 23)

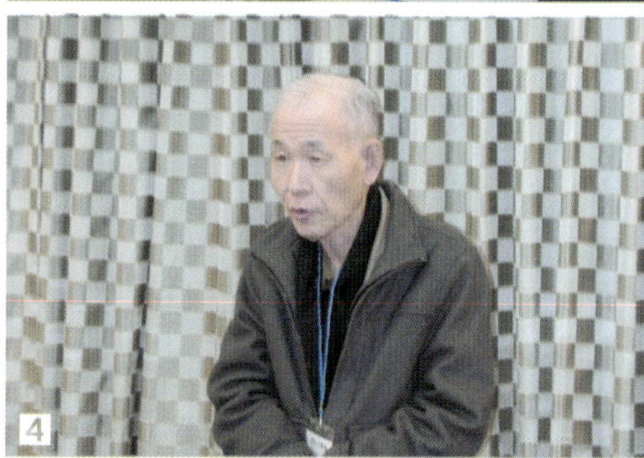

1 문학강의/ 도창회 고문
2 축사/ 원응순 원로교수
3 격려사/ 김현숙 학장
4 신춘회/ 김원중 수필가
5 시 낭송/ 유성복 시인
6 문예대학 강의를 마치고(2012. 3. 8)
7 신춘회를 마치고 기념촬영

淸溪文學

제2호 / 2012

송년 문학의 밤(2011. 12.22)

淸溪文學會

서시

어머님의 아리랑

원로시인 황 금 찬

함경북도 마천령 용솟골
집이 있었다.
집이라 해도 10분의 4는 집을 닮고
나머지 6은 토굴이었다.

어머님은 봄 산에 올라
참꽃 진달래를 한 자루 따다 놓고
아침과 점심을 대신하여
왕기에 꽃을 담아 주셨다

입술이 푸르도록 꽃을 먹어도
허기는 그대로 남아 있었다.

이런 날에 어머님이
눈물로 부르시던 조용한 아리랑

청천 하늘엔 별도 많고
우리네 살림엔 가난도 많지

아리랑 아리랑 아라리요
아리랑 고개로 넘어간다.

산이 무너져 내리고 있었다.
하늘도 울고 무산자 누구냐
부귀와 영화는 돌고 돈단다.
박꽃이 젖고 있다 구겨지며

어머님의 유산
아리랑~

권두시

희망의 꽃을 피우고

장 현 경
〈본지 발행인·청계문학 회장〉

2010년 5월 19일
인사동에서 열세 명으로
창립하여
이 년여 동안 가꿔 온 경작지에
이제 꽃망울을 맺으며
오늘을 펼칩니다.

어둠과 두려움의 터널을 지나
서툰 걸음으로 저 높은 곳을 향하여
오르고 또 오르며
어려움을 딛고 일어섰습니다.

마음을 나누고
손에 손을 잡고 용기와 격려로
물을 주고 가꾸기를 서슴지 않았습니다.

언제나
고비마다

세계로 가는 미지의 길에
희망의 꽃을 피웁시다.

창의성과 끊임없는 노력으로
꿈의 동산을 만들고 계속
힘차게 가꾸어 나갑시다.
의연하게
미래를 향하여.

재미에 대하여

도　창　회

재미란 사전적 의미로 '즐거운 기분이나 흥취' 즉 기쁨이다. 영어로 재미는 pleasure(기쁨), enjoyment(즐거움), fun(장난)으로 쓰여 있다. 우리 말에 기쁨과 즐거움은 구분하여 쓰고 있다. 즉 기쁨은 타의적(他意的) 것이고, 즐거움은 다분히 자의적(自意的)인 것으로 쓰고 있다. 다시 설명하면, 기쁨은 어떤 외적 요인이 순간적으로 자기마음을 흐뭇하게 해주는 경우이고, 즐거움은 자기가 좋아하는 일을 하는 동안 스스로 만족스러움을 느끼는 경우이다. 예를 들면, 입사합격은 기쁨이라고 부르지 즐거움이라고 부르지 않는다. 또 등산하는 것은 즐거움이라 말하지 기쁨이라고 말하지 않는다. 그러니까 내가 등산하는 것은 즐거운 일이고, 그가 등산 가는 것은 기쁜 일이 된다.

도창회

• 필명: 무원(无原)
• 1964년 신태양지 수필과 시로 등단
• 한국문인협회 고문, 한국신문예협회 회장, 국제pen클럽 자문위원, 문학박사, 한국문인협회 수필분과 회장 역임, 동국대 영문학과 교수 역임. 해송문학회 고문, 청계문학회 상임고문
• 시집: 『혼불 제1, 2, 3권』『장송비가』『영혼의 연가』『무영탑』『무원 시선집』『들찔레』『홍매화』 등
• 수필집: 『땡감을 깨무는 마음으로』『겨울을 앓는 사람』『바람밥』『무원 수필선』『도창회 영어 수필집』 외 다수
• 저서: 『수필문학론』『한국현대수필문학사』『역리수필선』 외 다수

우리말의 재미는 기쁨(즉 쾌락)이다. 어떤 외적인 요인이 순간적으로 제 마음을 흐뭇하게 해주는 기쁨(pleasure)이다. 재미는 흥미로움(interest)이 아니라 쾌락(快樂)이나 유쾌(愉快)함을 말한다.

사람들은 재미있는 일, 즉 유쾌한 일은 하고싶어 하지만, 재미없는 일, 즉 유쾌하지 않는 일은 하기 싫어한다.

헌데 서양(영어)에서는 재미를 pleasure(기쁨), enjoyment(즐거움) 그리고 fun(장난) 등 두루 포용한다. 다시 말하면, 타의적인 기쁨이나 자의적인 즐거움, 둘 다 재미로 보는 견해이기도 하다.

아무려나 재미란 묘한 데가 있다. 똑 같은 이야기를 한 사람은 재미가 있다고 하고, 다른 한 사람은 재미가 없다고 말한다. 같은 TV드라마를 보고 기쁨과 느낌이 서로 다르다. 도대체 고놈의 재미란 것이 사람의 마음 안에 들어가 둔갑을 하지 않는 한 기쁘고 즐거운 것이 같을 터인데, 아마도 재미는 그대로인데 고놈의 마음이란 게 반란을 일으킨 것일까? 옳다. 문제가 된 쪽은 사람의 마음쪽이 되리라. 재미가 있는 것을 재미 있게 못 받아드리는 것은 사실은 재미쪽에서는 아무 죄가 없으렷다. 사람의 마음가짐이 요상스럽고, 사람 됨됨이 그래서 그러 하리라 믿는다.

어떤 자는 '재미란 생각나름이다' 라고 막말을 한다. 곧 재미있다고 생각하면 재미 있고, 재미가 없다고 생각하면 재미가 없다는 식이다. 줏대없는 생각나름인 셈이다. 줏대없는 생각나름은 '행복론' 에서도 있어, 이래도 행복, 저래도 행복이라고 지껄인다. 그런 식으로 인생을 사는 사람은 별로다 싶다. 적어도 우리가 바라는 재미란 생각나름의 재미가 아니라, 결단코 재미가 있어야 한다는 것을 전제로 한다.

문학의 주 기능(機能)에서도 이 재미가 큰 역할을 한다. 애오라지 문학작품은 재미있게 써야 한다. 재미없는 글을 누가 읽을까? 문학의 2대 기능은 쾌락성(快樂性: pleasure)과 교훈성(教訓性: teaching)이다. 무엇보담 독자들에게 쾌락을 주고 또 가르침을 주는 작품을 써야 한다. 여기 쾌락성(또는 유희성(遊戱性))은 바로 재미이다. 독자들에게 재미(기쁨)를 느끼도록 써야한다는 것을 잊어서는 안된다. 실지로 재미를 주어야 한다. 창작하는 작가가 주의 할 것은 자기 재미에 푹 빠진 나머지, 남의 구미에 맞추는 일을 잊는다는 점이다. 내가 즐거우면 남도 기쁘다는 말이 있지만, 그러나 나는 즐겁지만 남은 기쁘지 않은 경우를 감안할 때 문학작품의 쾌락성의 문제가 얼마나 조심스럽고 또 얼마나 중요한가를 깨우치리라 믿는다. 요새 유행하는 상식과 고정관념 깨기, 개념 타파하기, 낯설게 하기의 기교도 재미을 주는 한 방법이 될 것이다. 때때로 통념을 깨었을 때 재미를 주기도 한다.

문학의 카타르시스(淨化作用: catharsis)라는 것도 재미를 느끼는 과정을 말한다. 걸작품을 읽고 슬픔 또는 기쁨을 느끼고 마음이 정화되는 과정이 카타르시스이다. 이 때 느끼는 재미는 기쁨뿐만 아니라 눈물(슬픔)이 될 수도 있다. 슬프든 기쁘든 뭔가 강한 감정으로 마음이 시원하게 정화됨을 느끼는 것이 '카타르시스'이다. 가슴이 시원히 세척되어 후련함을 느끼게 된다.

크게 보아 예술은 재미를 추구하는 분야다.

모든 예술작품들은 미(美)를 추구한다. 아름다움(美)을 추구하고 느끼게하는 것이 예술이고, 아름다움을 바라보는 것은 기쁨(재미)이 있다. 그래서 곧 재미있는 것이 예술작품이 되는, 삼단논법으로 귀결함을 목도하게 된다.

나아가 우리 인생에도 쾌락추구의 이 재미가 얼마나 중요한 것인가를 몰라서는 안 된다. 큰 마음먹고 삶에 파격(破格)을 주어 재미(快哉)를 가져보는 것은 어떨가 하고 감히 추천해보는 바이다. 빌어먹을 인생……

꽃과 섬

정 송 전

소금기 배인 안개가 갈매기 깃에 너울거린다
뱃고동은 감각으로 풍상을 휘젓는다.

바람은 마음 삭히는 눈빛이지만
신기루 같은 섬이 있어
파도는 분수 없이 설렌다.

하늘이 화폭에 내려앉는다
사무치던 세월
무슨 수로 풀어서
뱃길에 하얀 물보라 되었는가
가득한 눈물로 떠난 모습
머리맡에 가지런히 앉혀 놓고
푸르디푸른 그리움을 고르는가.

정송전

• 경기도 의정부 출생
• 서라벌예술대학 문예창작과 졸 • 중앙대학교 국문과, 동 대학원 졸
• 「詩와 詩論」으로 등단(1962년) • 용인시 죽전중학교 교장 정년퇴임
• 한라대학교 전임교수 • 경기대학교 겸임교수
• 〈광주문예대학〉 대표교수
• 경기도 광주시 〈광주포럼〉 회장 역임
• 〈한국 시 대사전〉 편집위원 • 한국문인협회 회원
• 한국자유시인협회 이사 • 한국현대시인협회 중앙위원장
• 한국자유시인협회 본상 수상 외
• 시집: 〈그리움의 무게〉 외 8권

하늘이 비에 젖는다
파란 행복을 정박시킨다.

숨겨도 숨겨도 뉘엿대는 별들 곁에서
그득한 봄 햇살로 꺾어
촉감으로 물 드는 너는
항상 풋풋하거라.

나는 섬으로 앉아 있으면서도
꽃 속의 떨림으로
또 한 번 무릎을 꿇는다.

바람은

정 송 전

바람은
푸른 들판을 달릴 때도
아무 생각을 않는다.

바람은
무리 속의 자기를
더욱 알지 못한다.

바람은
돌층계를 오르는
먼동의 신음을 토할 뿐,

바람은 언제나
바람으로 잠버릇을 같이 한다.

바람은
오직 자기를 버리지 않고 챙긴다.

시

소금꽃

김 현 숙

짱짱한 오뉴월 땡볕
어머니 손발은 밭에서 익고
빨래가 줄타기하는 동안에
장독 하나하나 속을 열고
햇빛과 바람을 깊이 묻었다
종종걸음 꼬부랑길 백 리
집 안팎 고갯길도 넘는지
속적삼 흥건히 적시는 땀방울
물기 다 거두어간 저녁엔
어머니 몸에 피던 소금꽃

울타리 둘러친 풀꽃들 중에
으뜸으로 질긴 뿌리꽃, 어머니
다시 돌아보는 굽은 등줄기에
밀물 썰물 들락거리면서

김현숙

• 경북 상주 출생 • 경북여고, 이화여대 영문학과 졸업
•《월간문학》등단(1982) • 이대동창문인회 감사 •《한국작가》주간
• 국제펜클럽 한국본부, 한국문인협회, 한국시인협회, 한국여성문학인회 회원, 화답시 동인 • 중등교사, 연화복지관 관장 역임
• 송파문화원 시창작 강사, 문예대학 강사, 청계문예대학 학장
• 윤동주문학상, 송파문화원 공로상 수상
• 시집: 『유리구슬을 꿰는 바람』, 『마른 꽃을 위하여』, 『씁쓸한 날의 일』, 『물이 켜는 시간의 빛』 외 다수
• 문협 시분과 회장 후보

짠 세월 밀쳤다 당겼다 주름 긋고
잦은 빗줄기에 새끼들 삭을까 녹을까
재꼈다 넘겼다 하는 햇살
쫓아가며 주워담은 무명 앞치마
그 낮은 길 따라
고요 가득한 소금꽃 하얀 꽃밭

매화

김 현 숙

짧은 해가 잠깐씩
햇가루를 흘리고 가면
얼음박이 몸이 뼈마디 마디 녹아나고
입김은 꽃안개를 풀어
깊은 골을 적시지만

그대가 놓지 못한
이 산모퉁이
바로 그대의 감옥이네
서성거리다 머뭇거리다
깜깜하게 졸아든 천리향이여

어느 천지에 너를 풀어 놓겠느냐
알 듯 알 듯한
뜻 하나
그대 눈 떠서
곧장 이 산을 넘어간다면

불어라 바람
밀물쳐라 봄

저녁 한때

김 현 숙

종일 서서 시들거나 기다리는
몸짓을 거두어들이는
해거름의 나무들은 우수적이다
밤이 해치지 않게
꾹꾹 문단속을 하는 우리도
어느 날 떠날 준비를 할 때는
스스로 갇혔던 벽들을 허물고
밖으로 나와서
저렇게 바람 속에 서 있지 않겠는가
아무 두려움 없이 천천히
맨손으로 어둠을 풀고 들어서기 위해서
낮동안 잠깐 저지른 실수
간결하고도 간절한 뉘우침 없이는
다른 곳에 돌멩이 한 점으로도
옮겨 눕지 못하리
저물어 가는 여유도 없이
낮에서 밤으로 건너 뛴 사람들
삶의 한복판에서 목숨을 놓친 자
저물어 가는 아픔도 없이
사랑에서 바로 이별로 뛰어간 사랑

눈 오시는 날

김 현 숙

내 편
네 편이 되어 준
이 강산의 나무들
풀꽃과 새들
여름 낮 팔랑거리는 미루나무 잎새들
바람 부는 강둑에 서면
흔들리는 강물과 흐르는 노을
이런 기쁨 말고는
나를 증명할 아무 것도 없는
이 거주지에
어머니는 저 세상에서
삶아 헹구고 햇볕에 바래고 또 바랜
하얀 무명천을 몇 필 내려주신다
낡은 호청 벗겨내고
긴 겨울밤 짧게 보내라고
폭신하게 파묻혀 잠들라고

외출

김 현 숙

툭툭 가지 쳐낸 겨울
나무 우듬지에서 솟구친 기운이
금방 푸른 일가(一家)를 이룬다
사람들은 그러나 제자리로 온전히
돌아오지 못했다
적막이 마을을 덮치고
이 땅으로 끝없이 흘러갔다
빈 집을 채우며 꽃들은 더욱 흐드러지고
닫힌 대문을 넘어오는 향기 자욱한데
친구는 청량리 병원으로 실려갔다
쭉쭉 힘을 뻗는 줄장미까지
남에게 넘기고
그녀는 돌아오지 않았다
오순도순 끓던 마당은 텅 비고
오월의 주인은
오래 출타 중이던 그때

시

하늘공원

차 윤 옥

저무는 가을빛 뒤로하고
산자락에 물들기 시작한 노을

산그림자 내려앉아도
외롭게 마음자락 지키며
바람 소리에
허기진 목마름 달래다가

언뜻, 당신의 아름다움은
억새의 흔들림 속에
스치듯
다시 한번
느끼며
가을빛 다 저물어 가는데

하늘은 조금 더 가까워지고
당신도 조금 더 가까워지고.

차윤옥

- 시집 : 『노래하는 삶』, 『순간포착』, 『맞닿는 평행선』 등
- 번역시집 : 『너를 위해 FOR YOU』
- 시예술상 · 서초문학상 · 사임당문학상 등 수상
- 현재 한국문인협회 사무처장 · 한국문인협회 편집국장 · 한국문예학술저작권협회 감사

조각보

차 윤 옥

학교에서 돌아오면 집에는 아무도 없었고
밥상에 따뜻한 조각보가 덮여 있었다

사시사철
허리 펼 날 없었던 어머니

조각보의 무늬는 예쁜 정성으로 꾸며져
혼자 밥을 먹어도 외롭지 않았고
혼자 밥을 먹어도 든든하게
옆에서 지켜주었다.

삶이 힘겨울 때
올곧게 살 수 있도록 지켜준
조각보의 그 무늬들
어머니의 마음 조각들

사람으로 인해 힘들고
사람으로 인해 지쳐도
서로 엮이며, 서로 보듬으며 살라고
하나하나
가르쳐 주었던 기억 조각들

아직도 잉걸불처럼 내 가슴에 들어앉아
눈 감아도 자꾸 자꾸 떠오르고
지나온 세월의 강 따라 그리움은 마르지 않은 채
점점 더 커가고 있다.

시

열매열전 (1)

김 성 열

-풋대추

형과 아우가 땡볕에서 함께 익어가면서
제 잘난 총각 모습 더더욱 잘 보이려고
바지를 홀랑 내리고 달랑 딸랑 매달렸다.

풋대추가 익어가는 내 어린 시절의 여름날은 천진했다.

우리 형제가 앞 냇물 보(洑)안에서 그물을 치고 고기잡이 하던 때는 멀리 있어 더욱 그립다. 해 질 녘에 그물을 치고 새벽같이 거둬들였는데 갈대가 무성한 보안의 가장자리엔 붕어, 피라미가, 보안에서는 모래무지가 많이 걸렸다. 형은 그 때 열일곱이었고, 네 살 아래인 나는 형의 뒤를 졸졸 따라다니며 대리 만족으로나마 마냥 즐거웠다. 새벽 일찍 날이 채 밝기 전에는 보는 사람도 간섭하는 이도 없었던 보 아구지는 우리 땅인 양 자연스럽고 친근하였다. 삼베잠방이 쯤은 홀랑 벗어 던지고 그물을 거둬들였다. 그물에 걸린 은빛 고기들이 치렁치렁 퍼득일 때 그냥, 그냥 좋았고, 냇가 풀밭에서 고기를 따 담을 때

김성열

- 시인, 문학평론가
- 한국문예사조문인협회 이사장
- 〈한국 시 대사전〉 편집위원 • 월간 〈문예사조〉 편집국장
- 한국문인협회 회원
- 시집: 「그리운 산하」「귀향일기」「農旗」 외

아랫도리 맨살의 형의 샅에 달랑 매달린 남자가 흘깃 눈에 들어올 때 나는 마냥 무참(無慚)하여 눈길을 돌렸다. 산골 여름의 밤기운에 시원하게 맑아진 물에 적당히 오그라든 형의 자지는 수술 없이도 잘 다듬어진 풋대추마냥 매끄럽게 반들거렸다.

그때, 그 시절, 다시 보지 못할 형의, 나의 샅의 남자도
이제는 무참함도, 수줍음 없이도 그리워서 보고 싶어라.

열매열전 (2)

김 성 열

- 잣송이

겹겹, 층층 옥개석 쌓은 벼랑 끝 칼끝도
아무나 범접 못할 철옹성 이룬 넋마저
몸 안에 틈새로 박힌 내공의 뜻을 알겠네.

아랫돌 빼서 웃돌 괴던 우리 집 형편은
고대광실 솟을대문 그런 집이 아니었고

155밀리 직사포에도 견뎌 낼 견고한 돌집이었다. 때깔 좋은 부잣집 마님 똥 빛깔의 황토 흙을 치덕치덕 잘도 이겨 바른 돌집의 안쪽은 여름에도 시원해서 좋았지만 밖에서 보면 거칠거칠 엉성한 석성(石城) 같아서 우둘우둘 숭숭 돌들의 틈새가 어둡게 그늘져 있었다. 웃돌 괴일 아랫돌도 뺄 수 없이 우리의 허기 같은 너와 지붕은 무겁게 무겁게 짓눌러 있었지만 달빛이 새어들고 햇볕도 받아들인 돌집의 틈새는 우리 칠 남매를 잣송이같이 겹겹 층층 어두운 틈새를 안으로 다져주었다. 가난도, 배고픔도, 전쟁도, 희망도, 절망도 그 사이 사이를 용케도 잘 비집고 나와서 마른 잣송이 틈새로 비어져 나온 잣 알갱이 같은 삶의 사리 구슬을 옹골지게 꿰고 있음이네.

삶이여, 송진같이 끈적이는 한 평생의 틈새여……
그래서, 그래도 한참은 틈새 메워 살아보겠네.

독도여!

서 병 진

동해를 끌어안은 푸른 파도는
겨레의 힘찬 심장 박동을 품고
이 땅이 걸어온 소망의 역사를 넘어
한반도의 미래를 열며 세계로 향한다.

태초에 땅이 바다를 끌어안고
경계를 세울 때 한민족의 기상을
떨치며 솟아오른 굳센 땅 독도여
대한이 세상으로 뻗어갈 길목을 지키며
거친 바다를 딛고 우뚝 선 민족의 파수꾼

대한민국 경상북도
울릉군 울릉읍 독도리 1-96번지
결연한 의지의 바위에 선명한 한국령

서병진

• 아호는 가산(嘉山), 경남 고성 출생, 교육부 · 교육청장학사, 고등학교장 역임, 타고난 적성찾기 국민실천본부위원장, 국제펜클럽회원, 한국문인협회 남북문학교류위원, 한국현대시인협회 이사, 서울시종로문인협회 감사, 한국육필문예보존회이사, 한국육필문예연감편찬위원,『서울문학』심사위원, 청계문학 후원회장. 국민훈장(녹조근정훈장) 외 21회 수상, 대학수학능력시험실험평가연구논문 외 12편, 셰익스피어문학상대상 수상 외. 시집은 嘉山으로 가는 길, 이파리 없는 나무도 숨은 쉰다, 고향은 어머니 강 외 다수.
• 주소 : 100-827 서울시 중구 동호로8길 42-1, 103호(신당동)
• 전화 : 010-3861-6622
• 메일 : abajin@hanmail.net

깊음의 바다 물결을 펼치며
민족의 혼을 품고 의연히 서 있다.

외로운 바다 짙푸른 파도와 벗하며
축복의 하얀 물꽃을 피워 올리는
바위 땅 독도여!
너와 나의 심장에 더운 피로 살아 있다
수천 년 영욕의 세월을 딛고
이 땅에 뿌리내린 이의 뜨거운 가슴마다
동해의 우리 땅이 살아 있다.

초록잎 인생

서 병 진

초록 잎새에서
지난 밤 놓친 이슬을 찾는다
봄 햇살이 창가를 서성이거든
손 맞잡은 풀잎보다
초원을 가슴에 품고
푸른 하늘 떠다니는 하얀 뭉게구름에
내 삶을 수다스런 여름비 벗하는 날이면
참말로 사는 맛이 나겠지

산 위에 오르면 바다가 고요하다
바람은 억세게 눈을 가리다가
가슴 틈새 초록빛 빗살무늬 비치니
환하게 맞아들여 한없는 가슴앓이
겨우내 서리 위에 이리저리 밝히고
하늘 그늘 가려워도 초록빛으로
돋아나는 삶의 초록잎 나부끼는
세월 속의 인생 초록잎 인생

이름표를 단 꽃

서 병 진

이름 모른 꽃들
이름표를 달고
창틀 안에 흘러나오는
청아한 음률에 맞추어
춤추며 노래하는 꽃들의 향연
어제, 오늘, 내일도
즐비는 꽃박람회

벌, 나비들은 꽃을 찾아
동반자와 함께 훨훨 날아
호수 가에 핀 꽃밭에 앉아
무지개 터널 넘나들며
짝지어 사랑의 노래로
파하란 하늘까지
자유를 누리고 있는데

시간의 계절을 잠시
닫힌 공간에 삶을 맡겨도
채워지지 않는 그 향기에
자그마한 한 가슴에 행복도
잠시인 것을 떠들썩하게
법석거린다.

여명의 이슬 머금다

서 병 진

찾고 싶은 마음
보고 싶은 마음
오늘도 김포로 간다.

송정역에서 버스를 타고
빨간 우체국 우체통에
곱디고운 마음을 담아
꼭꼭 다져서 담 너머로
아울렛 이층으로 보낸다.

건너편 좁다란 길목에서
눈이 겹도록 하염없이
부는 바람 소리 시간에
퇴사한 줄도 모르고
쭈그리고 앉아 기다렸다.

하얀 마음은 어디로
좁다란 몸집은 어디에
해를 해로 거듭하면
세월은 세월 속에서
사는 진리가 아니던가.

이제는 좀 되었기에
고참 폼 보아야
떨어지는 낙엽의 일생

노오란 잔디
하얀 눈을 밟을 때
그 때의 폼 아니겠지.

지난 날 상처 흔적을
새 봄 맞아 파릇파릇한
새싹이 움트는 날을
노을빛으로 기울어 가는
서산의 해 산 너머로
여명의 이슬을 머금다.

아차산 오르며

서 병 진

아차
아차산
산바람에 넘실넘실 너울거리는
한강의 물결 한 폭의 수를 놓는다.

우락부락하지도 않은 산
고즈넉한 산길을 오르며
철따라 빼어난 그윽한 향기를
음미하며 사색에 젖어든다.

산 너머 부는 송뢰소리와
풀잎 꽃잎 맺힌 이슬방울
수비하던 고구려의 숨결인가
평강공주 온달장군 얽힌 사랑인가

해 저문 광나루 노을
은비늘 물결치는 나루터
오색찬란한 네온불빛 사이로
산 그림자 어스름을 안고
산에 오르는 연인의 산인가

봄 창문을 열면

심 의 표

영롱한 새벽이슬 방울방울
수액(水液) 받아 까만 눈 맑게 틔우고

설레는 동경의 꿈 그리워
존재의 충만으로 벙긋거리는 미소

살결이 눈부신 수줍음 한 아름
오가는 인정마다 과묵한 시인이네

화사한 봄을 안고 두란 두란 두란 꽃
하얀 가슴 부풀어 핀다.

심의표

• 한국문인협회 금천지부 회장 역임 • 한국창작문학낭송협회 회장
• 서울시낭송클럽 부회장 • 한국문인협회 문학사편찬위원장
• 한국문예학술저작권협회 회원 • 한국문인협회 서울시지회 이사
• 삼일문학예술인회 회장 • 한국창작문학아카데미 회장
• 아시아일보 신춘문예 심사위원 • 아시아일보 논설위원(실장)
• 제2회 세종문화예술상 문학대상 • 제13회 매월당문학상 대상 수상
78년 장관표창/ 97년 대통령표창 • 99년 국민훈장석류장 수상
• 시집: 『섬은 바다에 누워』『이화에 기대선 달』외 7권
• 공저시집: 『별들은 밤하늘에 어떻게 태어나는가』외 26권

섬은 바다에 누워

심 의 표

잊을 수 없는 동경의 꿈
순수열정
수장된 옛이야기 아닌 것을

눈물 없는 메마른 정
깊이도 높이도 너비도 없는 게지

거센 눈보라 쏟아 내리고
태풍이 휘몰아 지나간 때에도

배꽃보다 더 맑고
아카시아보다 더 향기로움으로

짓궂은 파도 훼방해도
행여 놓칠세라 서로 힘껏 부둥켜안고
끝없이 달리는 그리움

바다는 섬을 안고
섬은 바다에 누워
깊은 정 남실남실 넘쳐흐른다.

가을 서정

심 의 표

찬란하고 거룩한 삶 마감하고
돌아갈 때를 알기에
아름답게 차려입은 옷자락

한 움큼의 그리움 남겨 놓은 채
애증의 세월 삭히면서
온 세상 고운풍경화를 그리는구나.

찬 이슬 쏟아내는 늦가을
냉기어린 햇살에도
한없는 기쁨으로 승화하고

뿔뿔이 흩어질 그날을 예감한 듯
한줄기 아쉬움 접으며
미련 없이 투영하는 그리움

쇠비름 풀꽃을 보며

심 의 표

질퍽한 습지, 타는 듯이 메마른 땅
가리지 않고 적갈색 줄기 길게 뻗어
하얀 실뿌리 내리고

다육질 호생의 잎 윤생하며
짧은 꽃자루
가지마다 아름다운 등불 달았구나.

다섯 장 노란 꽃잎
두 장의 꽃받침
개과(蓋果)의 타원형 실한 씨앗 맺으며

마디마디 잘라 돌무덤에 버려도
삶을 포기하지 않는 생명력
나약한 인간의 삶 깨워주는구나.

봄날의 단상

심 의 표

살 잔잔한 일요일 오후

창문 밖 화단 한가운데
목련 산수유 철쭉
활짝 웃고 있더라.

꽃망울 부풀어 피는 줄도
모르고 있던 나에게

가까이 다가와서
고운 화심
안아달라고 투정하는데

어느새, 뻐꾸기 소리 높여
무정한 봄
떠나가고 있음을 알리는구나.

연지(蓮池)

신 동 명

날보고 진흙탕물이라고 비웃으셨나요?

홍련, 가시연, 수련, 개연, 어리연, 물양귀비

청청한 연꽃 웃음 보려고
온갖 오물 쓸어안고 썩혀 걸러내
무장무장 수혈해 주는

이 은밀한 즐거움을 아시나요 그대는.

신동명

- 서울 출생 • 〈한국 시 대사전〉 편집위원
- 한국문인협회 · 국제펜클럽 한국본부 · 한국여성문학인회 회원
- 시집: 『날개의 의지』 외 다수 • 수필집: 『달팽이의 꿈』 『말, 말의 향연』 • 기행수필집: 『한강에서 세느강까지』 • 수상록: 『그림 속의 수채화』 • 수상선집: 『사랑을 위한 변주곡』 외

비 온 들녘

신 동 명

붙임성도 좋지 보슬빈
메마른 땅 간질간질 간지럼 태우더니
발기한 소낙 빗줄길 꼬드겨
사랑놀이판 한 번 푸지게 풀어보누나
(추수할 땐
주먹덩이만 한 자식들 쓰윽 쑥 퍼질러 낳겠지
밭두둑 씨알감자)
장대비 마실 왔다 돌아간 뒤
행여 질세라
뭉실뭉실 마술부리는 뭉게구름
짝꿍 부르는 물오른 맹꽁이들
초록 논배미 위를 선회하는 하얀 해오라긴
어디쯤 연인과 보금자리 차릴지 물색 중인가 봐

이 골골 저 골골
콸콸 흘러가는 골창 물소리
한동안 내 귓속 먹먹하겠다
복사꽃 흐르는 개여울에 내 두 귀를 두고 왔으니.

우주 속에 나

김 문 중

낮달은 구름 속에 갇히고
천상의 계단을 밟는 발끝으로 밤사이
성수를 머금은 꽃향기가 허공을 채운다.

신비한 절정의 아프리카……
춤추며 일어서는 생명
태양은 육지를 마시며
나뭇가지에 걸린 하늘은 마냥 흔들리며
바다는 춤추고 산들은 일어나
나를 닮은 자유를 마신다.

일몰의 저문 달에 몸을 풀고
광대한 사막에 펼쳐진 풍광을 보니
내가 우주 속에 버려진 한낱 작은
씨앗같이 왜소하게만 느껴진다.

김문중

• 호: 陽光(양광)
• 한국시낭송가협회, 백양문학회 회장
• 한국문학진흥재단 이사, 광진문화원 부원장
• 시낭송가합창단 단장, 시낭송지도자 전문 지도교수
• 국제펜클럽, 한국시인협회, 한국문인협회 회원
• 서울시단, 광진문학 동인, 청계문학회 후원회장
• 2007년 순수문학 시부문 본상 수상, 2008년 대통령상 수상
• 시집: 우리 모두 별이 되고 싶은, 시의 왕국

이곳이 어딘가 내 꿈이 닿지 못한 곳
어둠 속 은하수는 고개를 넘어
욕망에 깊은 곳을 바라보며
나 서성이고 있지 않은가?

초심에 잠긴 별들을 달빛에 묻어놓고
아름답게 보이는 것은
모두 가슴에 담아 보지만
나는 바람 소리에 매달려
초승달로 거닐다가 가슴으로 돌아서
또 뒤돌아본다.

쓰나미

김 문 중

산처럼 무너지는 검은 파도
허망한 동영상은
해안선을 통째로 옮겨
일본 열도 전체
아니 인간문명 전체를
흔들어 울리고 있습니다.

내 가족은 어디에
방사능이 갈라놓은 모녀
혼자 살아 미안하다

잔해와 함께 불타버린 폐허
전쟁과 그 많은 갈등
여진과 방사능의 두려움은
공포와 기약 없는 배고픔
할 말은 잃게 한 상처, 하지만
존엄과 연민으로 치유되어야 하리……

너무나 큰 상처와 상실감 이별
절대 고독의 순간이 수없이
반복되어도 다시 딛고 일어서
희망을 잃지 말아야 한다.

죽음의 공포 대재앙의 현장에서
희망의 빛이 되고 있는 소방대원 앞에

우리 모두 고개를 숙입니다.

온몸으로 견뎌내는 당신들의 용기와
노력과 의연함에 반드시 신의 은총이
있을 것이며 성공하길 바랍니다.
그리고 사랑합니다.

가을이 들어선 자리

김 문 중

가을비에 젖고 가을 햇살에 젖어
안갯속에 숨은
단풍은 더욱 아름답다.

가을이 들어선 자리
바다를 바라보며 사색은
이어지고 노을에 묻혀가는 그리움

너무 많은 것들에 둘러싸여
내가 어디에 있는가를 모를 때면
슬픔을 들어 올려 수평선
하나 긋고 낯선 가을 속에 들어가
이방인처럼 떠돌고 싶다.

갈대가 보고 싶다

바람만 불면 떠나고 싶고
과꽃이나 억새풀만 흔들려도
함께 흔들리며 떠나고 싶어지는 것은
무슨 열망 때문일까?

강물이 저 혼자
가을 깊은 곳으로
흘러가고 있다

귀밑머리 살짝 흐트러뜨리고
가버리는 가을바람
과거를 향해 천천히 되감기는
풍광들을 떠올리며
고향으로 가고 싶다.

무채색 사랑

박 하 린

여민 가슴 사이로
그리움이 실올을 센다

한여름의 시원한 바람과
한파의 냉기가
곡예를 하듯
감춰놓은 무색의 일기장엔

오늘도 알 수 없는
빽빽한 나무들이
키 재기를 하며
이름 지어 줄 날을 기다린다.

박하린

- 창조문학 등단
- 광진문인협회 회장
- 한국문인협회, 국제펜클럽, 시문회, 청계문학 회원
- 신사임당 백일장 수필부문 장원, 서전문학상 수상
- 시집: 솔바람소리, 겨울꽃, 그리운 날

무언

박 하 린

지금도
당신은 내게로 옵니다.

이른 아침부터
잔뜩 흐린 하늘

밤새 누군가가 남겨놓은
석연치 않은 발자국 때문에
다른 길로 들어설까 두려워

말없이 나란히 걸어온
그 길 속에 길
하늘마저 지켜주듯
다정한 미소

오랜 기다림으로 지워질까
가슴으로 시간을 가려봅니다.

정지된 시간

박 하 린

깊은 밤
나 찾는 이 누굴까?

창문 열면
노크하다 들킨 밤 비

어둠 속
자동차의 눅눅해진 소음
음습한 바람에 실려
헛헛한 가슴 틈새로 몰려온다.

흘러가는 소리

박 하 린

가난한 연인들
늦은 밤 방황하다
막차마저 놓치고
밤하늘 별들이 스치는 소릴 듣는다.

어둠이 안겨 준 포근함
격정의 짧은 시간
동틀 무렵
별들이 모두 주워 갔다.

시간의 징검다리를
타박타박 밟으며
그 연인들은
미명 속에 떠났다.

그리운 사람아

박 하 린

보고 싶다
말할까 말까
망설이는 동안

얼굴 쏘옥
반만 내밀고

사랑하는 사람
눈치 살피는 목련

시

세상의 변화

고 봉 훈

인생은
목표와 신념이 없다면
전진할 수 없다

목표가 확실해야 하고
행동도 구체적으로
이뤄져야 한다

행동은
자신의 내면을 표출하는 것으로
자신이 변화하는 증거이다

자신의 내면이 변하면
세상은 자신의 변화에 따라
변하게 될 것이다.

고봉훈

• 예술가회 회원
• 청계문학회 회원

북한산 계곡

고 봉 훈

티없이 맑고 깨끗한 계곡물
반짝이는 조약돌 위로
미끄러져 흐른다

교향곡을 연주하고
솔바람과 속삭이며
마음을 감동시킨다

파아란 소나무가지 사이로
원효봉의 하얀 바위가
웅장함을 자랑하며 솟구친다

계곡에 모여있는 피서객
시원한 물소리에 만사를 잃고
천상의 세계를 누린다

명경지수와 같은 맑은 물에
취하고 정화되어
선남선녀로 변한다.

포구의 우정

고 봉 훈

10대 학창시절 졸업한 지 오십여 성상
동창들의 아름다운 추억의 향기를
가슴 속에 간직하고 싶어

인천 영종도 깊숙하고 호젓한
바닷가 포구에서 동창회 모임
보고 싶은 얼굴들과 소주 한 잔 기울인다

강화도를 휘감고 저 멀리 마니산까지 펴져나간
푸른 바다 수평선을 바라보니

반세기 전 동심과 우정 티 없이
맑은 바다 속으로
한없이 깊이 스며들어 가네

시

섬강(蟾江)에서

김 기 진

잉어가 무리 지어
사랑을 갈구하는
5월 섬강은 조용하였다

간현을 도는 강둑엔
들장미 하얀 꽃을 피우고
감자도 산 모란꽃도 내음이 하얗다

아직 사람이 그리운 민박집에
5월의 밤을 깊도록
정담 나누는데
첫닭이 회를 치며 울더라

그러고도 아쉬워
한참을
잠 이루지 못했다.

김기진

• 호는 백당(柏堂)
• 1947년 경북 영주 출생
• 2005년 11월 자유문예 시부문 신인상
• 2007년 5월 창작과 의식 시부문 신인상
• 2010년 11월 시사투데이 선정 2010년 대한민국 사회공헌 대상
• 시가 흐르는 서울 회장, 자유문예 문인회 부회장
• 한국문협 회원, 한국문협 광명지부 회원
• 저서: 일출처럼 노을처럼 • 동인지: 꾼과 쟁이 외 다수
• 주 소: 경기도 광명시 광명3동 158~182 B02호
• 전 화: 011-295-9870 • E-mail: evernew-co@hanmail.net

유월에

김 기 진

현충원 충원 벽에
이름 하나
기록으로 남긴

어느 산야에
홀로 누운 영영이여

유월엔 우리
그대를 더욱 생각합니다.
육신이 대한의
흙이 되듯이
그대 혼 대한의 혼 되어
오늘의 대한이 되었습니다.

구천동 계곡

김 기 진

백련사 오르는
구천동 이십 리 계곡
차운물에 열목어 눈을 식히고

계곡 따라 난 소로엔
서어나무 개회나무 쪽동백 서 있고
당단풍 붉은 잎 융단길
팔배수나무 왕버들 모감주나무
팔 벌려 어깨동무
댕강목 노박덩굴 다래덩굴
벼랑에 설키고
진달래 철쭉 함박꽃 병꽃나무
봄을 피웠으리

아그배 산딸나무 느릅나무
산새의 먹이 익히고
쇠박달 까치박달 졸참나무 다단하게 서
비탈을 세웠네
거제나무 신갈나무
여기서 만나 반갑다.

시

눈처럼 살아야겠다

김 대 영

눈처럼 살아야겠다
아무리 시리고 찬 바람이 불어도
어머니의 가슴처럼 포근히 감싸주는
눈처럼 살아야겠다

눈처럼 살아야겠다
추잡한 번뇌가 하늘조차 시꺼멓게 물들여도
소리 없이 내려와 순백으로 덮어주는
눈처럼 살아야겠다

눈처럼 살아야겠다
아무리 아픈 기억에 눈물이 흐르고
심장이 멎어도
서글픈 침묵 속에 묻어두고
눈처럼 살아야겠다

눈처럼 살아야겠다

김대영

- 호는 학산(鶴汕)
- 청계문학 시부문 신인상 수상
- 태평양공인 대표
- 청계문학회 사무차장

그대 떠난 빈 가슴에
미련스런 아쉬움만
깊은 상흔으로 남더라도
펄펄 내리는 저 눈처럼
그렇게
꿈꾸며 살아야겠다.

봄볕

김 대 영

봄볕이 달라붙은 담벼락에
전깃줄 두 가닥이 기찻길처럼
나란히 걸렸다

나른한 오후의 졸음을 내쫓으려
기지개 한껏 켜다
그만
휘둥그레~

어느새 담장 밑엔
쑥향이 솔솔
피어오른다

게으른 봄볕도
알고 보니 부지런히 생명을
잉태하고 있었음을
나 이제야 알았네.

호명산 까마귀

김 대 영

파란 수채화 물감을 풀어놓은 듯
구름 한 점 없는 하늘에
검은 점들이 몰려든다

호랑이 뛰놀던 시절도 아닌데
무슨 신명 그리 많아
춤추듯 무리 지어 날아오를까

잎사귀 벗어 던진 가지에
찬바람이 내려앉으면
고요한 산정은
또다시 진저리치듯
부르르 몸을 떤다

인적마저 끊어진 호숫가엔
바람개비만 요란히 돌고
하얗게 언 호수에는
서서히 어둠이 드리운다.

산정 까마귀는
까~악 까~악
새까만 한을 처량히도 뱉어낸다.

바람의 노래

김 석 심

햇살 일렁이는 강기슭에
풀꽃이나 어루만지고
조약돌 씻어주며 놀다가

늙은 소나무
긴 학의 모가지 끌어안고
웃다가 또 울다가
그렇게 살다 갔으면 좋겠다.

덧없이 해 기우는
준령을 떠돌며
어느 웃음 헤픈 아낙의
겨드랑이나 간질이다가

아득한 저문 들녘을
깔깔깔 내달리다 가고 싶다

김석심

• 한국문인협회 회원 • 한국작가동인회 이사 • 구리문인협회 이사
• 한국서화협회 수상 • 한국화술 교육회 국제예능대회 수상
• 월간 모던 포엠 수필부문 신인상 • 한국작가 신인상
• 제 13회 경기 신인 문학상(시) • 제 44회 신사임당 백일장 장원(시)
• 시집 : 가슴에 그린 수채화, 전철역사, 동인지 외 다수

눈 내린 아침

김 석 심

바람은 고요 속에 스며들고
나뭇가지마다
흐트러지게 피어난
하얀 눈꽃송이 정겹다

백화(白花)에 묻힌
아차산의 자태도
새로 태어난 듯
순결하고 우아하다

현란한 불빛과
쾌쾌한 시궁창 냄새의 도시도
온갖 욕망과 어룽을 감추고
부드럽고 따뜻한
동화를 흘린다

아, 누가 저 풍경들을 보고
마음에 독을 품을것이며
원수라 하여 칼을 갈 것인가

눈 내린 아침 풍경 앞에
내 마음 또한
한 장 화선지가 되네

유채꽃

김 석 심

노란 햇살 조각이
하늘에서 내려와 강물에 풀리네

한강 둔치
강물이 봄빛에 익어가는데
유채꽃은 긴 잠에서 깨어나
봄을 노랗게 갈아입은 꽃잎
하품인 듯 웃음인 듯
얼굴 얼굴에 피어나는 꽃봉오리

안개인 듯 꽃인 듯
지상에 가득하네

향기로운 세상
아지랑이처럼 일렁이는
너울대는 봄 나라

밤과 낮의 행적

김 성 계

밤과 낮은 하루 동안의 일진 속 유착하는
기상대만은 아니다
낮과 밤은 만상 교감의 부존만을
일으킴은 더욱 아니다

밤과 낮은 각기의 기질 속에 사명의
도감을 펼쳐 오가는 연월 싣고
스스로의 광맥에 침잠함인가

낮과 밤은 내연한 연대의 현장으로
낮은 낮만의 정열 찬 율동과
활성한 행보이며 밤은 밤만의
서정적 낭만의 정취 속에서 공존하는
기상의 행각을 열게 하는 만상의
정거장인가.

김성계

• 아호: 이호(理湖) • 강원도 평강 출생
• 1955년 국민대학교 법률학과 졸업
• 1953년 월간 신조로 등단 • 한국공간시인협회 회장 역임
• 한국문인협회 회원 • 국제펜클럽 한국본부 회원
• 청계문학회 후원회장
• 시집: 『우주와 공간』, 『공간과 시간』, 『러시아워』, 『낙천하는 길』, 『도강』, 『일상적 日誌』,『이승과 저승 사이』
• 수상집: 『천구와 지구의 교신』
• 6 · 25 참전 기념장(紀念章) 수령(국가유공자)

숨쉬는 커피숍

김 성 계

왠지 쏠리는 발길에 이끌려
소한 맞으려는 눈발이 기승을 부린다
주는 가셨건만 여광은 찬란하다

출렁거림은 신조류라든가
풍새는 토탈 속에 머무르고
갈피 못 잡은 풍향은 미련 속으로

망연한 심신은 벽수와 흘러
사로잡히는 환상들 망각 속으로
슬렁대는 길섶에는 심란한 행보들만.

슈퍼마켓

김 성 계

생산과 소비를 교역하는 현장
자율과 개방 속에 생생한 수레
언제나 풍요와 포화의 수치
한데 묶어 놓은 잡동사니
올망졸망 옹기종기 조감도는 숨쉰다
천인 만태의 성깔이 있고
천층만층 구만층이 있다
없는 것 빼고 죄다 가지고 산다

수하를 묻지 않는 평등이 있다
외를 거꾸로 먹는 자유가 있다
살맛 나는 때깔이 있다
의식주를 공급하는 현장이 있다
어제와 오늘을 이어주는 생맥이 있다
언제나 반기며 만나주는 즐거움이 있다.

하산(下山)을 하며

김 종 균

떨어지는 땀방울의 노래를 부르며
헤어져야 할 것들과 헤어지고 돌아오는
즐거운 이별을 아는가

능선을 따라 외길처럼 보이는 산길
처진 호박잎처럼 땀에 젖어 버리면
나무와 나무 사이에 길이 보이고
바위와 바위 사이로 길이 보인다.

아무도 남의 길로 가지 않고
내 길로 오지도 않는다.

가끔 쓰러진 자 있어 손잡아 일으켜
그 사람 나무를 만나게 해 주고
물을 얻은 그가 곧장
숲길로 사라지는 모습을 본다.

김종균

- 광시회 회장, 다월문우회 회원
- 광진문인협회 상임이사
- 청계문학회 자문위원
- (주)시온이엘시 대표

하산이 끝날 무렵
등정을 준비하는 새 얼굴 있어
안쓰러워 길을 안내하지만
그가 아는 바위를 돌아 그가 아는 나무 사이로
사라질 뿐
그러나 그도
떨어지는 땀방울의 노래를 부르며
헤어져야 할 것들과 헤어진 후
즐거운 이별의 노래를 부르며
하산을 하겠지

청령포(淸泠浦)에서

김 종 균

첩첩이 젖고 있다 육백 년 적송이
밑동이 안고 울던 어린 용포 아려오고
산새는 하늘 붙들고 무슨 애길 저리 하나

몽돌은 귀엣말로 소매 끝 잡아끄네.
오는 이 가는 이 절레절레 고개 젓고
서강(西江)도 억장 못 풀어 허리춤 놓지 않네.

물굽이 돌고 돌아 뻿은 자는 가뭇없고
시해된 이팔청춘 고랑마다 슬픔 일어
천 년은 더 질금질금 장맛비 내리겠네.

* 청령포: 강원도 영월에 있는 단종이 유배됐던 곳. 삼면이 서강(西江)으로 둘러싸이고 뒤로는 깎아지른 절벽으로 이루어져 있다.

못둑길

김 종 균

읍내 병원에서
아버지 숨 거두시던 날
못물같이 깊은 눈길로,
한 푼이라도 아껴 잘 살아라
너 잘 컸으니 걱정 없다 하시며

오장육부가 굳어버려
물 한 모금 들어가지도 않고, 나오지도 않는데
목마르다 하시고
오줌 마렵다 하시더니
잡은 손 놓지도 않고
뜨셨던 눈 감지도 않으신 채
니 엄마, 니 엄마 잘 모셔라
끝내 그 눈 뜨신 채로 가시고

어릴 적 그 언젠가
벚꽃 휘늘어진 못 물가에서
내 먹은 술이 이 못물만큼은 될 거다
독백처럼 자랑하시던 아버지,
그 못물 드시느라 가진 거 다 버리시고
마지막 병상에선 할 말을 잃어
큰 병원 한번 가자,
그 말 한번 못하시고

넘어진 황소처럼

눈만 더욱 커지시던 아버지,
눈 속에 담긴 못물
내 눈 속으로 어려
따라 걷던 못둑길
벚꽃 지던 못둑길

준설작업(浚渫作業)

김 종 균

널브러진 개천에서
준설기(浚渫機) 한 대
바닥을 긁고 있다.

시나브로 쌓인 오물
물길 막아
옹색해진 시냇가

갈앉은 퇴적물
지친 몰골이
푸슬푸슬 시름겹게 쌓인다.

마뜩잖은 낯빛으로
눈치를 살피는데 덜커덩,
가슴 밑 쓸고 가는 갈퀴 소리

덕지덕지 눌어붙은
진드기 심뽀
겹겹이 오른 뱃살

드센 걸레질에도 끄떡 않는
혈전들 뿔뿔이 나부끼고
피딱지 길을 막고 헤살 놓는다.

햇살 비낀 시냇가

준설기 한 대
물길을 열고

간지럼 타듯
마음속에
물레가 돈다.

외딴섬

김 태 진

아무도 그리지 않고
그를 위한 노래 부르지 않는
초라하고 쓸쓸한 외딴섬
그는 홀로 그렇게 지내왔다

그런데 어느 날인가
나무 위에 새들이 찾아오고
시원한 바람 속삭이며 다가와
정다웁게 노래 부른다

오랫동안 잊고 있었던
태양의 따스한 사랑
포근히 감싸주고 있었고

이른 아침 동트는 햇살
눈부신 정경 화폭에 담아 반짝이고
수평선 고개 넘던 연분홍 빛 노을은

김태진

• 백두산문학 신인문학상 수상
• 백두산문인협회, 상록수문학회, 누리문학회, 청계문학회, 동화구연가, 동화구연아버지회, 시낭송가
• 현 한양대 백남학술정보관부장

출렁이는 파도 위 아름답게 채색한다

흐르는 눈물 속에 고마운 자연
친구임을 깨달았고
함께 노래하고 춤출 수 있음에
웃음 지으며 기뻐 찬미한다.

화가의 노래

김 태 진

손끝에 숨 쉬는 붓대는 신명나게
한 올 한 올 머리 세우는 사물놀이

거친 호흡 안정 찾으며
오뉴월 나비 춤추듯
화선지 위에 사뿐히 내려 앉아
마냥 좋아 뒹굴뒹굴

어여삐 노래하는 새들처럼
목청 가다듬어 천지사방 울리고
춤꾼의 율동하는 바람으로 누비다

너의 쏟을 수 있는 기쁨
오색의 눈물과 천색의 웃음으로
지나던 훈풍 가녀린 들꽃 감싸듯
엄마의 마음으로 꼬옥 안는다

화가는 노래한다
빛으로, 모양으로, 선으로, 가슴으로.

그녀 생각

김 태 진

무심한 듯 바라보는 허공
그녀의 애잔한 눈빛에 어려 있는
외로운 그림자 흔들리는가

하늘도 삼킬 듯한 커다란 눈망울엔
아련한 그리움과 연민이
아쉬운 세월 속에 안타까이 어려 있다

지나던 바람, 머리칼 한숨으로 스치며
얼굴 타고 떨어지는 그 눈물
낙엽처럼 애처로이 흩날린다

눈 감아도 떠오르는 그녀 모습
손 붙잡고 걷던 시골길 밝게 핀 들국화
그 향내 내 마음에 살포시 안기고

세월 지난 지금, 그대 생각에
행복한 동심은 그냥 좋아 마냥 설레며
두근거리는 미소로 살아간다.

저녁

김 현 재

서쪽 붉은 갑옷을 입은
장수(將帥)들이
따가운 햇살의 화살을 막아
밤의 길〔道〕을 열면

바람의 손
산사의 처마 끝
풍경(風磬)의 소리는
이빨 빠진 동그라미를
맞추려 애쓰던 마음
포근한 숲 속 자리로
안내하고

산은 물감처럼
슬며시 풀리는
내일의 햇빛을
인내(忍耐)하며
하루를 갈무리한다.

김현재

- 『좋은 문학』으로 등단
- 한국시낭송가협회 감사, 백양문학회 편집장
- 청계문학회 이사
- 현 광진문화원 시낭송 야간반 강사
- 공저에 『들꽃과 바람』, 『청계문학』

예행연습

김 현 재

기쁨을 느끼는
달이 뜨면
내일을 기다리는 빛

땅 밑 깊은 곳
차가운 겨우살이 밀어내려
두 손 모으고 있는 기다림

새순으로 봄을 열어볼 양
슬픔, 아픔
다 던져 버리고
진통의 신음 토하며
포근한 흙으로 만들고

새벽안개 맞으면
하늘로 오르는 시간
몸을 떨며
일어서려는
예행연습 마친
꽃의 몸부림

5월

김 현 재

바람이
내려오는 빛을 쓸어 올려
구름 위에 묶어 놓고

하늘의 눈물을 모아
생명수를 만들고

라일락꽃을 흔들어
미혼(美魂)의 첫여름을
불러온다.

시

밤나무 나이테

마 영 임

녹음이 짙은 계절
흐드러진 연노란 국수다발
청청 하늘 배경으로
한바탕 불꽃 잔치 펼치고

여름비 속 향기 뿜어내던 밤꽃들
날 선 가시요람 속에 가득 품어
송이마다 오금빛 결실
내밀히 영글게 한다

가을풍경 색색이 물들 때
힘겨워 수그린 가지들로
조심스레 입을 열어
하나 둘 세상에 떨어뜨리니

비로소
한 해의 노고를 다 내려놓고

마영임

• 호는 청향(淸香)
• 청계문학 시부문 등단
• 홈패브릭 디자이너
• 청계문학회 총무이사
• 청계문학 카페 관리위원 • 동명회 회장

청명한 하늘에
늘어졌던 사지를 추스려 올린다

품고 있던 사랑
내어주는 행복에
밤나무의 가을은
낙엽 앞에서도 빛을 발하고

그러면서
또 한 생애의
나이테를 키워가는 것이리라.

산다는 건

마 영 임

세상을 산다는 건
광활한 대자연에 잠시 소풍 나온 것

살다 보면
우연히 흙탕물을 뒤집어 쓰기도 하고
나뭇가지에 걸려 상처 나고
그로 인해 아파할 때도 있으며
떠나보내지 않을 것을 놓아 버려야 하는

굽이진 길 위에 서서 허둥거려도
가벼이 흔들리지 않는 꿈이 있다

운명처럼 주어진 화선지 위에
치솟는 열정 희나리 되어
하얗게 스러져도
알록달록 향기 어린 여정을 그리고 싶다

색채와 생김새 크기는 달라도
조화롭게 어우러진 조각보처럼.

봄의 여신

마 영 임

봄이 열릴 때
겨울 끝자락 붙들고
나풀거림 없는 고고한 지조

따사로운 봄볕 마중에
색채의 여왕인 양
순백의 아홉 폭 명주 치마 휘날리며
살포시 다가오는 목련화

긴 겨울 그 무엇을 가슴에 삭혀
눈부신 순수의 빛으로
세상에 피어나는지
열린 마음으로 하얗게 맞이합니다

삶이 요염할 때
재촉하는 봄의 전령들에
자신의 품 다 내어주고
화사한 기억들 뒤안으로
홀연히 갈잎 되어 스러지니

생을 누리지도 않은 채
허무를 배워버린 것처럼
잎을 틔우기도 전에 꽃을 피우는
고고한 자태 위에 애련한
순백의 청아한 미소

바라볼수록 그리움이
쌓여만 가고
설레이는 바람결에
그대 향기 품어 봅니다

한없는 순수함을 지녔기에
시리도록 애잔한가 봅니다.

축복

박 은 순

산다는 것 자체가 신(神)의 축복이다
생명 선물로 받아 제 몫을 북돋아야
희로애락이 주는 의미(意味) 알아 가는…….
하늘 마음으로 바라만 봐도 진실 알 수 있는
맑고 고운 명경으로 제대로 보이듯
지혜로운 사랑 젖줄이 하늘이다
원심과 구심에서 오는 파장의 연가
미완의 사랑 또한 고귀(高貴)한 것을
마음 따라 행복 요술쟁이네
스스로 돕는 자(者) 궤도를 타는
유일무이(唯一無二)한 사랑 오직 그대뿐이네.

박은순

- 호는 송월(松月)
- 문학공간 등단
- 한국문학회, 한국공간시인협회 회원
- 청계문학회, 예술가회 회원
- 한국미술협회, 서울미술협회, 광진미술협회 회원
- KIST(한국과학기술연구원) 초대개인전
- 나라산수회, 광나루사생회 200회 기획 · 그룹전
- 시집:『사랑살이』

봄꽃

박 은 순

따사로운 정(情) 대지 가득 피우는
천년 향 바람에 취해 그리움 토한다

도원의 봄

다형상 영원의 미소 유혹하는
천상 꽃 되고 싶어 하늘을 본다
수줍은 계절 해 꽃물결에 텀벙거리고
초연한 밀어 만삭되어 툭툭 터진다.

사랑살이

박 은 순

돌고 도는 자전 공전의 사랑
서로 빛내 주는 태양과 달 별과 같은 사랑
사방으로 스며드는 물과 흙 공기와 같은 사랑
주고 또 주는 자연 사랑 한량없다.

가슴으로 품어 주는 어버이 사랑
같은 꿈 이뤄 가는 부부 사랑
알콩달콩 정겨운 형제와 이웃 사랑
주고 또 주고 싶은 자녀 사랑
주고받을수록 커지는 사랑

사랑살이 인생
한 세상으로 영원한 세상 선물 받는
유한에서 무한을 깨닫는
궤도 밖 사랑 계속 열린다.

시

어리석은 사람

박 진 광

해 뜨는 낮이면
들에 나가 일하고
해 지는 밤이면
집에 와 쉬는
그 삶 참 가엾다

장부(丈夫)란 모름지기
낮이면 재물 권력 명예
좇아 해바라기가 되고
밤이면 향락 찾아
불나방이 돼야 하거늘

어쩌자고 일하고 쉬기만 하는가
재물 권력 명예 향락 헛되고
헛된 줄 모르는 어리석음에
일하고 쉬는 즐거움을 모르는
어리석음 보탠 나는
참 어리석고 어리석다.

박진광

- 아호: 춘파(春坡) • 경남 통영 출생
- 한자 · 한문 전문지도사 훈장
- 『문예춘추』 시부문 등단
- 주소: 143-709 서울 구의동 547-8 리젠트오피스텔 904호
- 전화: 010-4710-4991 • 이메일: jkp1028@hanmail.net

막내 누님

박 진 광

우리 누님은
예쁘기가 꽃 같고 둥근 달 같으며
순하기가 사슴 같은 막내 누님

누님 셋 아래 누님
내 막내 누님
아래 나 아우 셋 위 나

때 맞춰 챙겨 먹던 원기소
먹는 나보다 꿀꺽 소리가 더 컸던
막내 누님

나는 정말 먹기 싫어 투정하는데
내 등 두드리며 달래 주던
사랑스러운 누님
작은 실눈 뜨고
사립문 내다보던 겁 많은 누님

내가 웃을 때 따라 웃으며
환한 얼굴로 들판 바라보던
막내 누님

어머니 그리우면
막내 누님 찾아보는데
내 막내 누님 그리우면
누구를 찾아보나.

질투

박 진 광

누군가를
사랑하면 질투가 생긴다
질투를 집착이라고도 한다
질투는 사랑을 살찌우고
집착은 사랑을 야위게 한다

사랑하는 만큼 말하면
내 사랑 점점 야위어 가는데
아껴 말하면 우리 사랑
살이 통통 오르고
다 숨겨 말하지 않으면
그녀 사랑 점점 야위어 진다

질투와 집착의 경계는 어디이고
조견표는 누가 만드나
나는 오늘도 사랑한다
질투인가 집착인가.

나는 너를

백 원 기

내 버려진 삭막한 들판에
잡초는 서로가 볼 부비며 사는데
바라보다 시들어 돌아서도
다시와 보고 싶어지는
끈적한 인연은 당연하지 않으려나

수십 년 해와 달 두 바퀴 길가에
멈출 줄 모르고 돌아가는
고드름 물레방아

세월은 깜짝 지났어도
산이 거기 있고 물이 그렇게 흐르기에
보고픔과 그리움을 버릴 수 없네

숨겨 논 카메라 렌즈처럼
피사체 너를 주야로 맞추다
너의 모습 너의 향기에

백원기

- 호는 안산(鞍山)
- 서울 출생
- 월간 시사문단 "시"로 등단
- 한국문인협회 회원 • 광진문인협회 회원
- 인터넷문학사이트 "시마을" 작가
- 북한연구소 회원 • 서울토박이전통문화진흥회 회원

서둘러 보고픈 시각의 관성(慣性)은
말없는 서로의 끄덕임으로
함께 차가운 레일 위를 달린다

불꽃

백 원 기

가득하면 시를 쓴다
오고 가던 생각
주고받던 마음

연극을 하다 사라진 배우
막 내린 무대에 조명이 꺼지고
고요가 내려앉았다

객석에 홀로 앉아
화려했던 무대 바라보면
찬바람에 우는 겨울나무

한 페이지를 넘기면
다시는 넘겨오지 못하는지
손가락 끝 의지가 아쉬워

먼데 눈만 마주 보려다
시선의 초점 부딪는 날
그 사랑 다시 불꽃 튀기리

돌 같은 사랑

백 원 기

하늘과 맞닿은 보현봉
하얀 눈 덮고 있더니
한눈팔 동안 어디론가 사라지고
비봉 승가 샘은 얼어있더니
구기계곡 채워주러
졸졸 물길 트는데
꽃샘바람 얄미울 때면
다시 오는 겨울인가 싶어도
한 조각 붉은 마음 떠날 줄 모르네

뜨겁게 타오르던 시절
각인된 계곡의 하얀 돌
덜 보고 덜 듣자는 다짐으로
더 사랑하고 싶은 물소리
너를 탐하고 싶은 집념
행여 끊어질까
미지의 영역을
영원히 간직하고 싶은 계곡

네가 베푼 사랑 나 기억해
씻기고 씻기는 세월이라도
끝없이 남아 있을
아름다운 돌 한 조각
이끼 끼다 검은 석화

애처롭게 피어나도
나는 그 사랑 잊을 수 없네

시

해장국

유 성 복

어둑어둑 인사동 거리
어수선한 골목길에
소문난 해장국집 하나

묵은지 향이 가득한
통나무 식탁 위엔
국밥 한 그릇이 이천 냥

큰 항아리엔 먹음직스런
깍두기가 손님들의
눈동자를 훔쳐가네

자리에 앉아있는 손님들
숨소리도 없이 허기진
배를 따뜻하게 하네

어르신들

유성복

- 호는 선계(仙溪)
- 청계문학 시부문 등단
- 삼성 지퍼 대표
- 청계문학회 사무국장
- 청계문학 카페 관리위원

추억 속으로
탁주 한 잔씩 걸치며
낙망의 사랑을 전하네!

안개꽃

유 성 복

솔잎 파란 줄기에
조롱조롱 매달린
하얀 안개꽃 울타리

눈이 부시게 보석같이
빛이 나는 비단결 같네

사랑하는 임에게
밝은 안개꽃 한 아름
가슴에 푹 기대여

그 임 오시는 그 길에
하얀 솜사탕 펼쳐놓고
사랑 사랑 내 사랑
행복 찾아가네!

피아노

유 성 복

고사리 손가락으로
띵띵 띵 건반을 누른다.

콩나물 꼬리를
한개 두개 찍어보며
신기한 표정으로
맑은 피아노 소리 찾는다.

선생님의 가르침에
한 치도 한눈 팔지 않고
잘하려는 욕심에

또래들끼리도 서로
칭찬 받으려고
피아노 치는 손길은 바쁘네!

반짝반짝 빛나는
까만 눈동자들.

시

김장

이 경 선

허허벌판을 지나 도착한 주황색 지붕 아래
동네 아낙들의 손에 절여지는
세다가도 잊어버릴 수많은 배추와 채썰은 다북한 무며 파, 갓

몇 날 며칠 손톱 사이를 미끄러져 태어났을
마늘의 진한 아우성으로 가득한 양념들
가까운 서해에서 포섭해온 굴과 강화표 고춧가루

몸부림쳐도 너는 그저 탱탱한 새우 신세를 면치 못할 것이니
새우 살려달라는 하소연에도 모른 척,
멸치와 까나리도 애원하건만 애써 외면하며

밤채와 잣이 고명으로 만나 서로 합창을 하고,
흑임자와의 해후로 완성의 기쁨을 뒤로 한 채
배춧속을 강타하는 변신에 도전한다.

겨우내 허기를 든든하게 채워줄

이경선

- 월간 문학세계 시부문 신인상 수상
- 시낭송인, MC
- "2012 한국을 빛낸사람들 대상 시상식" 문화예술부문 대상 수상
- 제8회 전국 애송시 낭송대회 대상
- 제61회 개천예술제 전국시낭송대회 최우수상 (1등)

자태를 뽐내는 감격의 순간,
눈시울 적시며 탄성의 맛이 절로 난다.

고구마와의 운명적인 만남으로
그 위상은 더욱 높아질 것이며
겨우내 입에서 사르르 감칠맛을 돌며 사랑받다가

세월 따라 흘러 흘러
찌개 안에서 볶음밥 안에서
언제나 변화무쌍한 열정적인 삶 속에
일생은 진한 감동으로 전해지고

봄기운 돋는 어느 날
봄동에 물려주는 황제의 자리
뜨거운 삶을 헤쳐나가야 하는
인생의 황혼기에도 굴하지 않고
우리들 가슴에 영원히 남을

운명과도 같은 동반자
그 이름 하여 '김치'로다.

꼬마 실내화

이 경 선

보천동 언덕길 작은 상점 앞
세워져 말리고 있는 손바닥만 한 실내화.

따스한 일요일
오순도순 젊은 부모와 콩나물국에
웃음 말아먹는 소리

까르르 까르르

뽀얀 안갯속 코끝을 간지럽히는 꽃향기에 취해
벌 나비도 잡으러 다니고
어린아이들 사이로 들려오는
체육 시간 줄넘기 소리.

월요일 아침 미처 챙기지 못해 뒤늦게 들고 간 실내화
젖은 양말로 수업받던 아들
천연스러운 눈빛을 보내고
엄마는 가슴이 메었으리

눈을 감아도 보이는 손바닥만 한 실내화.

그리움

이 경 선

문풍지 스치는 내변산의 겨울바람
사방 툇마루의 적막을 휘감고
너른 마당 지날 때

호랑가시나무 암수 마주하며 속삭이고
누운 향나무는 거북이 되어
고개 치켜들고 기어간다.

밤마다 보이는 기와지붕
눈시울 붉히며
지나는 바람결에 흔적을 좇고

장성 가는 길
폭설로 뒤덮인 하얀 세상의 꽃상여는
흩날리는 눈발 속에 들려온다.

이제 오나, 저제나 오나,
사립문 밖 서성거리며
기다려 주시던 아버지
여느 때와 다르게
오늘은 못 간다 못 가!

차마 떨어지지 않는 발걸음, 마음만은 두고 왔건만,
뼈에 사무치는 메아리.

강산도 변한 모진 세월
"별일 없냐?"
전화가 올 것만 같은데.

가을 타는 여자

이 소 강

엾구리가 휑하다

숭
숭
갈바람

산과 들
밤낮 가을 타는 냄새

해 그림자
달그림자
바람에 부대낀다.

이소강

- 필명: 이소강(少江, 본명 이명주) • 1959년 경남 마산 출생
- 한울문학 시 부문 신인상 수상 • 한울문학상 수상
- 시집: 『이별, 그 이후』 • 공저: 『후백의 열매』, 『한일합동시집』, 『청계문학』 등 • 한국문인협회 회원, 사)문화예술교류진흥회 이사
- 한국시낭송가협회 합창단 부단장 • 서울시단, 백양문학회 회원
- 청계문학회 이사 • 시낭송가, 시낭송지도자

이제는 알아요

이 소 강

몰랐습니다
천륜의 서운함도 주기만 하는 사랑보다
나누는 사랑의 기쁨도

더 아름다운 내일이 있다는 것도

나를 지켜야 할 의무 속에
누군가를 지키기 위하여
내가 아프다는 것,
아파야 한다는 것,

나보다 더
나를 사랑하는 이 없는데도 순간, 순간 느끼는 것
이제는 깨달았습니다

쪽방 사람들

이 소 강

비바람, 그리움으로 온다

전봇대 현수막의 춤사위
생을 버텨내는 사람들
서걱서걱 빈 가슴 뒤척인다

때로는 토해가며
때로는 삼켜가며

빛, 빛이 아니듯
어둠, 어둠이 아니듯
버거운 삶의 무게
내일을 접는다

고운 햇살
질펀한 꿈, 하나 둘 승천한다.

자정을 울리는 달

이 순 희

한 아름 비를 앞세우고
밤안개 헤치며 자정 넘어
기웃기웃 눈치만 살피는
보름달

보일락 말락 처녀가슴
드러내기 쑥스러워
뽀얀 마음 감추는
보름달

무슨 사연 그리 많기에
이 한밤
청명한 달빛 숨겨놓은 채
먹구름장 가슴에 앉고
잿빛 한숨 내쉬며
억수 같은 피눈물을 흘려야 하나

이순희

• 호는 혜인 • 충남 보령 출생 • 문예춘추 시 부문 등단
• 문예사조 수필부문 등단 • 안양시 백일장 시 부문 우수상 수상
• 안양시 백일장 수필 부문 장려상 수상 • 허난설헌문학상 금상, 무원문학상 금상 수상 • 경인교대 문예지 다수 출품
• 시집: 그립구나 그 시절 외 다수 • 시와 숲길 시비 : 감자꽃

돌아보면 굽이굽이
해맑은 달밤도 많았으련만
달빛 뒤에 감추어둔 행복
휘청거리며 가슴에 파고드는
검은 그림자

차라리 비라도 내려
모조리 쓸어버리고
맑은 보름달로 다시 떠올라
아름다운 밤이길 기도합니다.

부엉이

이 순 희

한적한 시골길 잔별들이
숨 가쁘게 초승달 따라다니며
깊은 정글 속으로 빠져드는 밤

겁쟁이 부엉이 밤공기에 취해
횡설수설 목청 높이며 숨 고르는데

사랑채 뜰아래
외조부님 기침소리 화들짝 놀라
줄기차게 노래하던 겁쟁이 그 녀석

시치미 뚝 떼고 달빛 어린 숲 속으로
정체를 숨기네요

비망록(備忘錄)

이 순 희

유리알 닦고 닦아
마분지로 쌓고 쌓~아
궤짝에 챙겨 넣고
손 탈세라 변할 세라
조심조심 간직한 비망록(備忘錄)
모닥불 피워놓고
지나온 귀퉁이를
뒤척여보니

말발굽 소리 내며
바람에 구름 가듯
몰려왔다 떠나가는
한 점의 구름인 것을
손바닥으로 얼굴 가리고
햇살 한 모금 끌어안았네

시

빛

이 춘 명

어둠을 갈라주는 이웃집 창
내 창은 누구의 귓가에 미소를 줄까
내 글은 어느 방황을 멈추게 할까

외로움을 내보내는 형광빛
길 위에 침묵으로 거닐고 있다
두려움을 지키는 문밖의 가로등마냥
내 빛은 어떤 죽음을 멈추게 할까

이춘명

- 호는 가림
- 한맥문학 2008년 9월 시 등단
- 새한국문학 2011 9월 수필 등단
- 한국문인협회 회원

부재중

이 춘 명

신원증명서를 쓸 때마다 본적을 더듬고
부재중인 이름을 적으며 주민번호에서 멈춘다
호적을 떼어보기 전에 가물거리는 열세 자리
숫자 너머 헤어짐을 꺼내 거주지 없는 이유에
기름칠하는 마술을 배운다
평범하지 않은 현재를 설명하는 우울한 입술
어떻게 살아온 것으로 보여지는 불편이
빈칸을 메우고 생존의 주인으로
이어나갈 이름을 잊으려던 시간이 기어간다
신도시가 된 네거리로 엉성한 더듬이로 서 있다.

사랑의 거리

이 춘 명

길에 사는 고양이가
문 안으로 따라와
내 품에 안기는 만큼

번지점프에 매달려
지옥을 다녀온 것으로
녀석의 손톱이 동백꽃을 남겨도
마냥 우는 것만큼

살랑거리며 나가서
냉정하게 어둠을 흔들지 않아도
먹이를 비워놓지 않는
기다림만큼

봄이 오는 길

이 태 명

겨울의 끝자락에서
봄이 온다네!

오늘은 경칩
땅속에서 움츠렸던 개구리가
땅을 비집고 나온다는 날

봄비 내리며 나뭇가지
가지마다 물 머금고
내일이면 밤새 새싹이
새록새록 돋아나고

며칠이면
산에 진달래 들엔 개나리
활짝 피어 임 기다리네!

따뜻한 봄바람이 온다면

이태명

- 청계문학 시부문 등단
- 청계문학회 이사
- 청계문학 카페 관리위원
- 누리문학회 회원

강남 갔던 제비도
돌아올 텐데.

치매 할머니

이 태 명

어느 시골 치매 할머니
딸을 찾느라 분주하다

밥도 제대로
챙겨 먹지 못하면서
오로지 자식 걱정

몸에 배어있는 것일까
세월이 가도
자식 사랑은 한결같아

꿈 많고 수줍던 소녀는 세월 따라
주름 깊은 할머니가 되었네.
아련한 추억의 뒤안길

가신 곳 모르는 자식들
어머니 찾는 그 모습
사랑이어라.

산 너머 산

이 태 명

체, 바퀴 돌 듯 사는 세상
찌든 생활 내일이면
꽃이 피겠지
파노라마 되어 있겠지
대학 학자금 등 세금에
자고 나면 나아지겠지

하루하루 지새우며
훽 하고 떠나고 싶다.
가진 자와 없는 자 무엇이 다른가

지하철 수많은 인파
제 할 길 찾아가는 이
묻고 또 묻고 싶다.
어떻게 사느냐고

산을 오르다 보면
강이 있고 개울이 있으며
진흙길도 있다.
오르막 내리막이 있듯이
지니며 걸어가는 것이
이것이 인생 쓴맛인가!

봄은 사랑을 데리고 온다

이 혜 우

봄소식은 진작부터 오고 있는데
모두 반갑게 맞이하려 하는데
아직은 때 이른 싸늘한 아침
밝은 해는 떠오르고 있다

봄바람 간지럽게 불어오고
맑은 하늘은 푸르러 시원하구나
상큼한 봄 냄새는 속 깊이 파고들어
무심했던 사랑 환하게 피워 낸다.

어제 봄비 소리 악보 맞추어
피는 꽃송이들 고운 색 만들고
산그늘 벗어나며 수줍음 밝아져
신선한 밤이슬 먹고 피운 꽃

꽃들의 만찬으로 성숙해진 오늘 같은 날
사무치는 그리움으로 내 사랑 기다려 본다.

이혜우

- 한국문인협회 회원(시) • 한국문인협회 서울지회 이사. 청계문학회 운영이사. 청계문예대학 교학처장
- 광진문협 사무차장. 시마을 작가회 회원
- 『허난설헌 문학상 금상』 수상
- 시집: 『마음 깊은 사랑은 황혼이 없다』

사랑의 문자

이 혜 우

외면한 저주의 신으로부터
눈물조차 보일 여유도 없이
생각할 틈도 얻지 못했다
어쩔 수 없는 현실 앞에
순간적으로 얼싸 안았지만
눈감고 조용히 기다리는 숙명
고요한 적막이 물러서면서
절체절명의 그 순간 그 찰나
어떤 상형문자로도 쓸 수 없어
우리는 이렇게 얼싸안고
사랑으로 영원을 기록했다.
폼페이 밤은 그렇게 깊이 잠들어갔다.

질투도 못하고

이 혜 우

내가 좋아하고 사랑하는 그대는
우리 집에서 아주 가까운 곳에 있다.
아침마다 찾아가면 산뜻하게 맞이하여
즐거운 밀회로 속삭이고 한다.
보고 싶고 그리워 낮에 찾아가도
반겨주어 그대의 가슴에서 쉬며
발걸음으로 이곳저곳 애무해준다.

그런데

알고 보니 나 혼자가 아니다
수많은 사람과 정을 나누고 있다.
남녀노소 가리지 않고 품어준다
나로서는 질투나 시기할 수도 없다
혼자 독점 못 할 만인의 공원이라서
그대와 함께 즐기며 건강해지려고
다양한 운동 기구를 이용할 뿐이다.

돌아온 카라

임 공 빈

지난 봄
카라꽃 한 화분
가을까지 나의 일상
즐거움이었네

어느 날
까닭 없이 주저앉아
겨우내 저만치
밀쳐 논 기억 저편에서

봄을 앞세워
느닷없이
살아 돌아온 카라
생명의 경이로움에
오! 스치는 눈물.

임공빈

- 호는 운산(雲山)
- 전남 나주 출생
- 『문학시대』 신인상으로 등단
- 시낭송가 화가
- 백양문학회, 예술가회 회원

내가 그리는 수묵화

임 공 빈

내 마음 머무는 곳에
봉숭아 꽃물보다 진한
수묵화의 선율 설렘이 파도친다

그리움 저편으로
사라진 시간들
장밋빛 흔적
하얀 화선지에 스며든다

세월의 빛깔
동강내어
온몸에 바르고
빈 손에 가득 담은 우주

난초 향기 같은
그윽한 숨결
순백의 레일 위에
상감하듯 수묵화 그린다.

천년의 미소

임 공 빈

뉘 부르는 듯 가녀린 손 가슴에 얹고
금방 잠에서 깨어난
아이 같은 앳된 미소

백제의 숨결
천년을 순백의 순결로
흙 속에 묻혀 있었던
슬프도록 아름다운 석보살

송홧가루 흩날리는 이 봄
뒤뜰 감나무
하나 남은 까치밥처럼
외롭기만 한 너

나, 다시 태어난
머슴애라면
너와 같이 하룻밤
만리장성 쌓아 볼 것을.

삶

전 옥 기

모든 생이란 하늘 땅 아래
바람 앞에 태어난 생명은
허기진 가슴으로

부모를 마음대로 선택할 수 없는
당신의 모든 모습은 남겨진 허물

삶의 세월 보듬고 뒤돌아 보니
사랑에 굶주린 인간의 소슬바람
숨소리 들어 보았는가?

전옥기

• 한국문인협회(시) 회원
• 한국문인협회 광진지부 이사
• 한국문인협회 종로지부 운영이사
• 국제문화예술협회 회원 • 한국문인협회 시낭송회 회원
• 청계문학회 운영이사

황혼의 꽃

전 옥 기

운이 없는 욕망을 가지고 되지 않는 꿈
평생에 운은 세 번이 온다는데
그 좋다는 돈은
떨어진 바구니 밑으로 다 빠져나가고
빈 바구니만 품 안에 품고
세월은 흘러 누가 보아도
피는 꽃과 지는 꽃은 구별되는데

주야로 죽을 만큼 뛰였어도
대가는 운명이라 여겨지고
천 리 길 무엇에 매달려 걸어가고
비바람 눈보라에 옷깃을 여미며
걸어가고 있는가!

달

전 옥 기

그리움 가슴으로 파고들어
추억으로 모아 넣은 인적이 드문
내 고향 보름달

밀려오는 바람처럼 젊음은 지나가고
애절한 사랑 천상으로 떠나가는가
텅 빈 가슴으로 바라만 보는 달 그림자

다 잠든 밤 하염없이 둥근 달만 바라보며
내 마음 쏟아 내고 있는
어둠을 뚫고 찾아드는 달빛 끌어안고

애 끓는 쓸쓸한 바람 털어 내며
가슴 저민다.

시

나뭇가지 끝에 걸린 하늘

전 홍 구

고개를 쳐들어 터져라 외쳐 보아도
대꾸도 없는 세상을
신문과 방송은 끈질기게 흔들어댄다

가로등마저 조는 텅 빈 공원
그네에 몸 싣고 흔들어 보아도
세상은 멈추어 있다

보고 들은 것 다 잊고 싶어
소주 한 병 통째로 홀딱 마셔버리고
병든 세상을 몽땅 담아 병마개를 꼭 잠근다

살맛 나는 세상인데
멀리 서 있는 나뭇가지 끝에는
아직도 하늘이 걸려 있다.

전홍구

- 시인. 수필가. 성교육 · 성상담 전문가
- 문예사조 시/수필 당선 문단 데뷔. 한국문인협회 시분과 회원
- 한국문예사조문인협회 부회장/시분과 회장
- 한국크리스천문학가협회 · 한국현대시인협회 · 구로문인협회 회원
- 모던포엠 수도권 지부장
- 시집: 『개소리』 『원두막』 제3시집 『나뭇가지 끝에 걸린 하늘』
- 수상: 제16회, 25회 문예사조문학상 우수상, 제11회 한국민족문학상 본상 수상
- 공저: 〈한국 시 대사전〉 〈기독교문학〉 〈구로문학〉 외 다수

횃불

-80년 5·18 광주민주화운동 당시를 생각하며

전 홍 구

너희는 아느냐
횃불의 뜻, 우리의 마음
경찰은 치안, 군인은 나라 지키고 우린 배우고 정치는 몰라도 됐다.

너희는 보느냐 빗나간 흐름
넘실거리는 민주 위한 새싹 우리의 마음
치켜든 횃불 번져 총칼로도 못 막은 오월의 불길

너흰 아느냐
횃불의 본뜻 민주주의 갈망인 줄
경찰도 군인도 아닌 얼룩무늬 너도 내 형제거늘
누구의 마음으로 우리의 형제를 짓밟았느냐.

명령에 죽고 사는 너희의 복종도
전의에 죽어간 우린 두고 보리라, 먼 훗날까지
마음과 마음은 지워지지 않고 흔적으로 한恨 응어리져 남으리라.

너희는 아느냐
남긴 자국, 우리의 쓰리고 아픈 마음
우리는 맨손이지만 너희는 총칼로,
우린 소리지만 너희는 훈장을 위해 짓밟았음을.

너희는 보느냐
어제의 자취, 노도 같은 절규, 젊은이의 횃불을.

오늘은 잊어도 어제를 잊지 못할 우리들의 울부짖음 내일은 빛나리라.

너희는 아느냐
80년 5월 18일의 항쟁, 우리의 횃불 민주화운동을
우리는 숨이 막혀 소리쳤다 형제는 나섰다 바르게 살자고.

너희는 보느냐
남기고 간 흔적, 젊음의 아우성은 피 거름되어 남으리라
터진 상처 찢긴 가슴은 아물어도 지워지지 않을 흔적
너희에게 뚫린 소나무는 영원히 푸르러 어제를 증언할 것이다.

- '광주사태'는 광주시민과 학생들이 중심이 되어 보안사령관과 신군부세력을 중심으로 한 집권세력이 5 · 17비상계엄 전국 확대 조치를 통해 국민을 억압하려는 상황에서 이루어진 군대의 무력진압이 학생과 시민의 분노를 유발했고, 진압의 강도가 높아짐에 따라 자연스럽게 시민적 저항으로 발전한 운동으로 공식명칭은 5 · 18광주민주화운동이다. -

* 이 詩를 광주민주화운동으로 망월동에 잠드신 영령들에게 바칩니다.

상도동 비컵 쇼윈도

전 홍 구

오래도록 나를 쳐다보는 사람이 있다.
시선을 피해 보았지만 그는 여전히 그 자리에 머물러 선 채다.
단정한 머리, 잘 생긴 얼굴, 맵시 있는 옷차림
날씬해 누가 보아도 시선을 끌게다.
한참 지나 다시 보아도 나를 보고 있었다.
돌아서려 했을 땐 이미 돌아서고 있었다.
내가 들고 있던 책가방을 그가 들어주었다.
한결 가벼웠다.
고마워서 웃어 줬더니 그도 날 보고 웃는다.
인사를 건네자 다소곳이 고개 숙이며 말을 한다.
절 아시나요? 물었더니 그도 나를 아느냐고 묻는 것이다.
나를 놀리듯 똑같이 따라 해서 짜증이 났다.
이윽고 무거운 가방을 들어준 그에게
고맙다는 인사를 하고 돌아섰더니 어느덧 그도 돌아서고 있었다.
우리는 말없이 눈인사를 남긴 채 헤어졌다.
오늘 그와 다시 만나고 싶다.

뜨거운 홍단풍의 속살

전 홍 구

겨울은 맨몸으로 보냈지만, 그전 옷차림을 기억하고 있다.

이른 봄부터 늦은 가을까지 타는 듯 다홍색 옷 입고 있다 그만 멋진 옷들을 죄다 벗곤 맨몸으로 서 있었던 건 그들이 이사해 온 것은 지난해 구로구청에서 담 헐고 주차장으로 조성해준 작은 공원에 심겨져 다섯 살, 의젓하였다.

봄이 와 새싹이 돋으면서부터 색깔을 보여주기 시작했는데 아직은 아무도 그 뜨거운 속살을 몰라본다.

일 년 내내 단벌로 견디는 그들의 붉은 망사치마에 햇살이 올라타던 그때, 인간들은 비명을 지르며 어쩔 줄 몰라 했다.

그들의 새순이 혀끝을 내밀 때부터 여름 지나 늦은 가을까지 빨갛게 단 숯불이 되어 너와 나를 태운다.

나는 아직 겉옷도 걸치지 않은 그들에게 벌써부터 가슴을 데이고 있다.

테이프를 떼자

전 홍 구

담양에 거주하는 조카로부터 귀한 것이 전해져 왔다.
테이프를 떼고 궤짝을 열어보니
죽순 열두 개와 하얗게 핀 곶감에서 고향냄새가 새어나왔다.
당도 높은 감미로운 냄새와
대숲에서 들려오는 바람 소리
게다가 추월산이 기지개를 켜고 내미는 얼굴

시

오후의 커피

정 선 영

오후에
생각나는 커피 한 잔
물을 끓일 때부터 맘 설렌다

잔을 통해 전해지는 따뜻함
주위를 정복하는 세련된 향
나도 그 하나가 된다

일의 시작과 끝에
곁에 있으면
의식을 갖춘 듯 편안하고

일상에서 한순간
다른 세계로 이끄는 너와의
만남은 언제나 나의 즐거움이다.

정선영

• 호: 수현(洙賢) • 문학시대 신인문학상 등단
• 시낭송가, 시낭송 지도자, 한국시낭송가협회 회원
• 한국시낭송가협회주최 전국시낭송대회 제8회 금상 수상(조병화님/창외설경)
• 한국문인협회, 국제펜클럽 한국본부회원, 백양문학, 시대문학, 광진문학, 청계문학 회원
• 시집: '내안의 길' 외 '후백의열매' '들꽃과구름' 등 동인지 다수

입맞춤

정 선 영

입맞춤의
달콤함을 잊으신 분이시여

포도주 한 잔에
송이버섯 안주

소나무의 진솔한 사랑으로
태어난 송이

입맞춤의 달콤함
다시금 느껴보세요.

중앙고속도로

정 선 영

길 아래
다시 길이 있다

우듬지와 키 재기를 하는
하늘로 잇댄 그 길

쭉 뻗은 몸
늘씬한 회색의 다리

길 아래 길에서는
그 다리 감추고 싶다.

가을

정 정 채

땅과 마주하고 있던 하늘은
저 멀리 달아나고 있다.

온 세상이 초롱 초롱 빛나는
별처람 빤짝거린다.
가을의 상징 코스모스
알록 달록 하늘하늘
우리를 유혹하고 있다.

공중 쇼의 전령사 빨간 고추 잠자리는
개구쟁이 들과 제 새상을 만난듯
공중 쇼를 벌이고

어린 아이를 업고 나온 아낙들은
넓은 들녘의 누런 벼이삭에 반하여
덩실 덩실 춤을 추고 엄마등에 있는

정정채

- 호: 옥천(鈺泉) • 시인, 수필가
- 청계문학, 국보문학 자문위원
- 한국문인협회, 세계 모던포엠 문인회 회원
- 제4회 모던포엠 시부문 은상 수상
- 제4회 국보문학 옥당 문학상 수상, 한국문학신문 문학상 시부문 대상 수상, 청계문학 수필부문 대상 수상
- 시집: 아름다운 극본 • 공저: 침묵의 꽃, 시와 에세이 외 다수

어린 아기들도 온몸을 흔들고 있다.

기승을 부리던 더위도 하루 아침에
쫓겨나니 제법 살맛이 난다.
높은 하늘에는 뭉게구름 두둥실
하늘을 덮고 우리 모두 나와
덩실덩실 한마당 잔치를 벌이고 싶다.

겨울 송가

정 정 채

진홍색 정념과 열정을 곱게 불사르다
고운 옷 벗어 던지고 열반에 든 겨울나무
주어진 운명 앞에 꿋꿋이 순응하고 있는
그들의 참 모습들

심연의 밑바닥 긴~ 한숨 소리인 듯
서럽게 들려오는 겨울바람 소리……

화사한 햇빛 우리 곁을 찾아와서
풍성한 잎새와 꽃들을 훈장처럼
매달아 주는 날, 바람 속을 헤집으며
귓전에다 속삭여줄 달콤한 소리.

하얀 눈꽃 융단이 깔린 겨울 산길.
모진 생명들의 실상을 전달 받으며
산속 길을 걷고 있다.

찬바람은 나무 끝에 불고 밝은 달은 눈 속에 찬
한 시절 어디선가 열기와 희망이 용솟음치는
우렁찬 합창곡 '환희의 송가' 가 차가움에 지친
영육을 따뜻이 보듬어 준다.

겨울이 짙어지면 봄이 어찌 먼 곳에 있으리.

향기로운 바람

정 정 채

단풍이 떨어지니 향기로운
꽃비도 같이 흐른다

몰려오는 바람이
길가를 휩쓸고
지나가는 할아버지
털 목도리 끌고간다

폭풍우 지나간 자리엔
지팡이만 뒹굴고 있다.

천렵(川獵)

정 진 수

초록 들판 쓰다듬어 휘돌아
비단결로 흐르는 강물
직각의 햇살 부드럽게 부드럽게 껴안으면
바람도 뭉게구름 두둥실 띄워준다

낚싯바늘에 걸려든 쏘가리
수염 곧추세운 채 비늘 뒤척이면
검게 그을린 아이들 얼굴
기대와 설레임으로 부풀어 오른다

어죽을 쑤시다가
꺼무룩한 고주박잠에 빠진
고단하셨던 어머니 모습 들어간
강변 미루나무 풍경화 한 폭 하늘 가에 걸린다

투명한 조약돌 맑은 강물속
'윤선도'의 금린어(錦鱗魚)

정진수

- 현, 국세청 근무
- 방송통신대학 국어국문학과 졸업
- 국세청 문우회 회원
- 문예사조, 세계시문학회 회원

바위돌 아래서
물고기 떼 바라보며 한가하게 오수를 즐긴다

반성

정 진 수

분홍 입술 열고 홍련이 나를 부른다
호수에 떠 있는 싱그러운 연 이파리에
폴짝 뛰어오른 연둣빛 개구리
퍼붓는 소낙비 매를 맞는지 앉아 있다

개구리는 무슨 생각을 하고 있는 걸까
부모 말씀 무조건 반대로만 살았기에
유언대로 물가에 무덤을 만들었지
그래서 비만 오면 울어대는 것이지

맑은 날엔 염치 없어 울지 못하고
소낙비 내리면 울음보 터지는 청개구리들
개굴개굴개굴개굴개굴
후회하며 밤새워 우는 게지

어머니의 무한한 자식 사랑
먹구름 몰려와 천둥벼락 내리치는 날이면
청개구리따라 나도 운다
빗줄기가 매가 되어 나를 때린다

열무김치

최 해 연

보릿고개 입맛을
유혹한다

어머니의 손맛을
손위에 젖어 맡겨본다

투가리에 놀고 있는 열무
맛있는 향기 뿜어낸다

익어가는 우리네
풋풋한 정 내음에

노래하며
미소 짓는다.

최해연

• 본명 최경숙
• 월간 『순수문학』 시부문 신인상으로 등단
• 한국문인협회 회원, 한국시낭송가협회 사무국장, 청하문학 회원, 청계문학회 이사, 글빛동인, 서울시단 등 • 시낭송 지도자, 시낭송가
• 저서: 『거울속의 마음밭』 • 공저: 『날지 않는 새는 하늘이 보인다』, 『후백의 열매』, 『아름다운 작은 목소리』, 『청계문학』 등 다수
• 이메일: gkek2800@hanmail.net

아침이 오면

최 해 연

오늘을 정하지 못한 채
길 앞에 아침으로 서 있다

저만치 보이지 않는 작은 영토
시간들은 날아가는데

수많은 이야기를 만들어
연결해 놓으면
오늘을 삼킨 하늘은

자꾸만 작아지는 소리들로
초라하게 떨고 서 있으면
아침이 쓸쓸하게 서 있다

편지

최 해 연

그 시절
그 사람이 보고 싶다

세상 밖으로
무너져 내리는
지워지지 않는 흔적

시간은 소리 없이
문풍지를 흔들면
자꾸만 가슴속으로 편지를 쓴다

시간을 붙들어
찾아 떠나는
퇴색된 사진 한 장 띄우렵니다

이제 다 벗은 겨울 숲으로
떠나버린 빨간 우체통에
편지를 띄우렵니다.

시

창선 · 삼천포대교

장 현 경

지난날
답답했던 우리의 가난
통통배를 타고
비바람과 함께

산천과 섬을 오갔던
한려수도의 새 희망 사천시
추억의 삼천포!

육지에서 섬을 그리며
힘차게 꾸불텅 약동하는
창선 · 삼천포대교의 외침은
부서지는 파도 위로
강한 바람을 몰아오는
앙칼진 힘이 있고
밤낮으로 섬과 육지를 허무는

장현경

• 호: 자정(紫井)
• 문예사조 시 · 수필 등단
• 시집: 『매화가 만발할 때』, 『파로호의 아침』• 『청계문학』 발행인
• 물레문학상, 세계시문학상, 한국신문학대상, 허난설헌 문학상 본상 수상
• 한국문인협회 회원, 청계문학회 회장
• 청계문예대학 시 · 수필 창작반 강사

고도의 낭만이 있다.

섬들을 이어주는 푸른 바다
하늘을 수놓는
구름다리의 무지갯빛 야경과
한려해상공원에 어리는
대교의 고즈넉한 풍경은
세상의 고독을 몰아내고
너울대는 그림자는
활기차게
검푸른 물결과 춤춘다.

윤장대

장 현 경

용문사를 향해 달리다 보면
오랜 시간 속으로 빨려 들어가는 듯
예전 우리의 고향 모습이
아득히 떠오른다.

허리 구부려 인사하는 천하대장군에
미소 보내고
일주문 지나
천 년 묵은 은행나무에서
그윽이 풍기는 역사 그리며

대장전 윤장대에서
두 손 모아 합장한다.

소원문을 넣고
한 바퀴 돌려 법문을 익히고
두 바퀴 돌려 참구 하고
세 바퀴 돌려 대해탈을 성취하니

영원한 침묵의 설법
가슴에 가득 담긴 듯

눈이 반짝반짝 빛나고
얼굴도 환하게 웃음 짓는다.

직지사(直指寺)의 밤

장 현 경

소백산맥의 준령(峻嶺)을 타고
추풍령을 거쳐
서남쪽으로 웅장한 산세를 유지하며
힘차게 솟아오른
황악산(黃岳山) 동남쪽
산자수명(山紫水明)한 곳에
유서 깊은 신라 고찰
직지사

낭만과 추억의 향수가 그리워지는
수려한 풍광
직지사의 밤이여~

산이 산을 껴안고
절이 사람을 껴안는 듯한
아름다운 불교 터전
직지사에
시가 흐르고
세상을 향기롭게 하는
맑은 자연이 흐르네!

'동국제일가람' 직지사
저녁 예불에 조금 늦은 스님들
유유자적
세상을 달관한 듯

여유롭게
걸어가고 있네!

시

대화 1

김 경 희

무언지 멀어지는 것 같으면
붙잡으려고 안간힘 쓰고 뒹구는 내게
훼방꾼 네가 말했지

저 먼 곳엔 더이상 아무것도 없어
아니야 아직도 분명히 뭔가 많이 남아 있어
멀어지기에 안타까운 거야

넌 늘 조용히 있지 못해 일을 벌렸잖아
나대지 않아도 추락하고 사라지는 건 순리야
눈도 귀도 마음도 닫고 살면 편안해

달래주기 보단 비판하길 좋아한 너,
작정없는 열정 억제해 주느라 많이 애썼어
너, 나 따라다니느라 너무 고단하지

김경희

• 50년대 저항시인 김악의 3녀 • 한국문인협회 · 현대시인협회 회원
• 문예사조, 자유시협 수석부회장 • 세계시문학회, 한국창작문학시낭송 협회 이사 • 을지출판공사 편집부장 • 김포 "시쓰는 사람들" 동인
• 저서: 아름다운 질타, 영혼 속의 영혼 스케치 외
• 다음 블로그 "김악시인을 위로하며"에 시 200여 편 연재
• 이메일 kkh7419@ hanmail.net

교감(交感)

김 경 희

전류가 흐르는 하얀 백지에
오감을 색칠하는 피안의
두 마리 갈매기면 좋겠습니다

마주 바라보며
자유로운 날갯짓
격려하며 박수나 쳐주는 사이면 됩니다

묻지 않기, 따지지 않기
잔잔한 은하수 눈빛으로
상처들 호호 불어주는 숨결이면 만족하겠습니다

수직(垂直)과 하강(下降)
냉정(冷精)과 열정(熱情)의 파노라마
격랑(激浪)은 이미 시작되었으니까요

시

抗命의 눈이 온다

윤 해 규

마을 밖 수렁에서
익사한 어린것들의 어깨
싸늘하게 부서진 체온을 부둥켜 안고
쓰러진다
우리들 시대에 흩어진
일탈된 뿌리를 흔들다가
풀벌레 깃에 묻어 놓고 온 과수원
눈은 흰자락을 밟고 그루터기에 쓰러진다

흰손가락, 흰옷자락에 얽혀 아이가 운다
아, 수틀 안에서 뛰어다니던 아이들
북극성의 티끌 싸늘한 문풍지에
홀로 바느질로 밤새워 기다리실
새벽의 텃밭을 가로질러
도시의 협작과 모함을 찍어 넘기며
당신의 창밖에 몰려와 서성대는
순수함을 탄핵하고 있다.

윤해규

• 전남 해남 출생 • 한국문인협회 회원 • 한국현대시인협회 회원
• 1985년 〈한국시조큰사전〉 발행하면서 문단 활동
• 1988년 〈한국시대사전〉 초판 발행
• 〈한국 시 대사전〉 편저 겸 발행인
• 現 을지출판공사 대표

너 불가해한 머리카락 헝클어진
바람의 갈피 속에 폭죽을 터뜨리며
어깨 위로 저항의 눈이 쌓이는데
동굴 틈바구니로
출범(出帆)의 수레바퀴를 돌리는 풀벌레 떼여
바람을 부러뜨린다, 계곡으로 달리는
광맥의 얼얼한 창밖에서

깃털마다 빛을 터는 눈꽃
플루트의 얇고 보드라운 입술 빛나는
항명의 몸짓이여
정든 다리, 낯익는 문고리를 흔들며 쏟아진다
흙의 정수리를 쪼아
시작을 이루는
이쯤의 탑의 뿌리를 향해
뛰어내린다.

이대로는 잊지 못하는 휘몰아치는 나비 떼,
사무치면 사무칠수록 뿌리로 가로막는
찬란한 벽이여
눈이 온다. 눈은 수렁에서 익사한 어린것들의
흰자락을 밟고 쓰러진다.

의 혹

정 종 명

나는 의자 등받이에 기대고 있던 상체를 곧추세우면서 수화기를 잡은 손에 서서히 힘을 가했다. 문학과비평 겨울호에 실린 채원종(蔡元鍾)의 〈가면놀이〉가 모정문(牟鼎文)의 〈두 얼굴〉을 표절했다고 서태욱(徐泰煜)이 주장했던 것이다. 그는 도서출판 문예정신과 계간문예지 문학과비평의 편집주간이며, 저명한 문학평론가였다.

"제가 지금 그쪽으로 가겠습니다."

"오는 건 좋아. 그렇지만 뭘 그렇게까지 서두르시나."

그가 한 발 물러서는 듯해서 상대적으로 나는 조금 조급해졌다.

"아니죠. 이건 절대 그냥 넘어갈 일이 아닙니다."

그 날 오후에 이경후(李京厚)가 신문사로 나를 찾아오기로 선약이 되어 있었다. 시인이며 문학평론가이도 한 그는 내가 문학담당 기자로 발령이 난 이래 조언을 아끼지 않았던 고등학교 동기동창이다. 그

정종명

• 1945년 경북 봉화 출생. 서라벌예술대학 문예창작과 졸업. 1978년 월간문학 신인작품상에 〈사자의 춤〉이 당선되어 등단. 소설집 〈오월에서 사월까지〉 〈이명〉 〈숨은 사랑〉 〈의혹〉, 장편소설 〈거인〉 〈아들나라〉 〈대상〉 〈신국〉, 수필집 〈사색의 강변에 마주 앉아〉 등이 있다. 국제펜클럽한국본부 부이사장을 역임했다. 경기대학교 문예창작학과 대우교수를 역임했다. 현재 한국사이버대학교 방송문예창작학과에 출강하면서 한국문인협회 이사장으로 재직하고 있다.

러나 그가 나타나기를 한가롭게 기다리고 앉아 있을 계제가 아니었다. 나는 책상 위에다 행선지를 밝힌 메모지를 남겨놓고 신문사를 나섰다.

문예정신사까지는 도보로 이십분 거리가 채 못되었다. 토요일 오후의 거리가 흔히 그렇듯이 차도는 벌써 주차장이나 진배없었다. 나는 걸어가기로 마음먹고 신문사 앞 횡단보도를 건너갔다. 걸어가면서 생각해 보니 모정문의 〈두 얼굴〉이란 작품을 읽어 본 기억이 안 났다. 언제 어디다 발표한 무슨 작품일까.

나를 본 서태욱은 대뜸 이렇게 물었다.

"읽어 본 적 없지? 〈두 얼굴〉 말이야."

"그러잖아도 여기 오면서 내내 그 생각을 했습니다. 저는 도무지 기억에 없는 작품인데, 어떤 작품입니까?"

"육십 장 안팎의 짧은 단편소설이야."

그는 내게 두 권의 잡지를 건네주었다. 하나는 문학과비평이었고, 다른 하나는 내가 처음 보는 어문학회 학술지(學術誌)였다. 전년도 가을에 출간된 그 학술지에 〈두 얼굴〉이 실려 있었다. 학술지에 단편소설이 실려 있다는 사실 자체가 좀 의외다 싶어서 판권란을 살펴보았더니, 발행인이 모정문이었다. 나는 문학과비평을 집어들었다.

"지금 시중에 한창 깔리고 있겠군요."

"시내 대형 서점에는 이미 다 깔렸지."

"그렇겠군요. 요즘은 몇 부나 찍습니까?"

대답을 기대하고 던진 질문은 물론 아니었다. 지나가는 말로 그냥 한번 해본 소리였다. 경험에 의하면 문예지 편집자들치고 발행 부수를 사실대로 공개하는 사람은 아무도 없었다. 그들은 책이 팔리지 않아 죽을 지경이라고 엄살을 떨다가도 이야기가 발행 부수에 이르면 금세 표정들이 달라지면서 노골적으로 허세를 부렸다.

"이만 부."

서태욱은 웃지도 않고 말했다.

"네에?"

"인쇄소에 가서 물어 보라구. 지난 여름부터 부수가 부쩍부쩍 늘어나더라니까."

그의 표정은 의기양양했다.

"조만간 출판 재벌이 탄생하겠군요."

"에이, 재벌은 무슨……"

그는 손을 들어 내저었다.

"돈 많이 벌어서 고료도 좀 듬뿍 올려 주고 그러세요. 문예지에서 주는 고료 가지고 먹고 살기 힘드니까 작가들이 써야 할 작품은 쓰지 않고 엉뚱한 곳에다 아까운 재능을 죄 탕진해 버린다고 하지 않습니까."

그는 나와 눈길이 마주치는 것을 피해 버렸다. 이야기가 원고료에 미치는 것을 피하고 싶어하는 눈치였다. 문예지들 중에서도 문학과비평의 원고료가 가장 박하다는 이야기를 나는 듣고 있었다.

"말이 났으니 하는 말이지만 나도 실은 이놈의 애물단지 때문에 죽을 맛이라네."

내가 알기로 계간문예지 문학과비평은 도서출판 문예정신을 지키는 간판이며 기둥이었다. 물론 대부분의 문예지들이 그렇듯이 문학과비평 자체는 적자 투성이였다. 하지만 문학과비평을 운영하면서 얻어지는 부가가치가 상당하다는 것은 알려진 사실이었다. 문예정신사에서 시인(詩人), 작가(作家)들을 선별하여 그들의 시집이나 소설을 출판할 수 있는 것도 문학과비평이 이면에 버티고 있었기 때문이다. 실제로 문학과비평을 창간하기 전의 도서출판 문예정신은 문인들의 주목을 받지 못하는 그렇고 그런 영세 출판사에 지나지 않았다. 그러다가 문학과비평이 창간되고, 서태욱의 비평활동이 활발해지면서 문예정신사는 비약적인 발전을 거듭했다. 채원종의 장편소설 〈사람의 숲〉이 베스트 셀러에 오른 것도 그 좋은 예였다.

나는 문학과비평의 목차를 살펴보았다. 〈가면놀이〉는 중편소설로 권말(卷末)에 실려 있었다.

"선배님."

"응?"

나는 기자수첩을 꺼내 들었다.

"주로 어떤 점들이 표절인지 좀 구체적으로 지적해 주시겠습니까?"

"표절 여부를 검증한다는 것은 말처럼 쉬운 일이 아니야. 허나 이 작품의 경우는 정황이 너무 명백해서 의심의 여지가 없지. 우선 인물 설정부터 살펴볼까."

서태욱은 〈가면놀이〉가 〈두 얼굴〉의 표절일 수밖에 없는 증거를 하나하나 예를 들어 가면서 세세히 설명했고, 나는 두번 세번 확인해 가면서 꼼꼼히 메모를 했다. 기사가 나가고 난 다음에 야기될 심각한 파장을 생각하면 어느 한 대목도 소홀히 들어 넘길 수가 없었다.

"저도 한번 숙독(熟讀)해 보겠습니다."

취재를 마친 나는 서둘러 신문사로 돌아갔다. 이경후는 아직 도착 전이었다. 나는 모정문의 〈두 얼굴〉을 먼저 읽고, 이어 채원종의 〈가면놀이〉를 읽어 보았다. 작품을 읽는 동안 서태욱의 주장을 반박할 수 있는 근거를 찾아보려고 의도적으로 애를 써 보았지만 허사였다. 내가 보기에도 표절이 명백했다.

나는 내친 김에 컴퓨터를 작동시켰다.

—— 문단에 표절 시비가 일고 있다. 소설가 牟廷文 씨(68)는 문학과비평 가을호에 실린 蔡元鐘 씨(44)의 〈가면놀이〉가 자신의 단편소설 〈두 얼굴〉의 표절이라고 주장하고 나서서 관심을 모으고 있다. 채원종 씨의 〈가면놀이〉는 사회적 명사인 하박사를 중심으로 그의 2명의 여비서와 운전기사를 둘러싼 일련의 엽색행각을 통해 이중인격자이며 이중국적자인 하박사를 고발하는 내용의 중편소설이다.

작가 牟씨는 이 소설이 某 어문학회지에 실린 자신의 단편소설 〈두 얼굴〉의 표절이 틀림없다고 주장했다. 어느 제자의 귀띔을 받아 〈가면놀이〉가 실린 문예지를 입수, 면밀히 검토했다는 牟씨는 표절의 근거로 두 작품이 비슷한 다음 사항들을 제시했다.

하박사가 사회적 저명인사이면서 이중국적자로 묘사된 점, 여비서 수진이 최근에 입사한 점, 윤미가 전 여비서라는 점, 영민이 하박사의 수제자이고 하박사의 중매로 전 여비서 윤미와 약혼했다는 점, 운전기사 명규가 하박사의 재산상속을 노리고 있다는 점, 하박사의 가족이 미국에 이민 가 있다는 점, 하박사가 현 여비서와 전 여비서를 농락했다는 점, 하박사의 침실이 이층에 있다는 점, 등장인물의 숫자와 직업이 일치하고 있다는 점.

이에 대해 〈가면놀이〉의 작가 蔡씨는 기자와의 전화 인터뷰에서 〈두 얼굴〉은 읽어 본 적도 없다면서 "표절이 아니라 모든 상황이 우연의 일치일 뿐"이라고 표절설을 강하게 일축했다. 두 작품을 모두 읽어 보았다는 문학평론가 S씨는 "틀림없는 표절"이라고 주장했다.——

"너 지금 추리소설 쓰고 있는 거냐?"

돌아다보니 이경후였다. 그는 어깨 너머로 방금 내가 작성한 컴퓨터 화면의 기사를 들여다보고 있었다.

"봤어?"

"모정문 선생님은 지금 국내에 계시지 않아. 국내에 계시지도 않는 분이 표절 운운 주장한다는 것부터가 환상적인 거짓말이잖아."

"모 선생님은 그럼 지금 어디 계시는데?"

"오사카. 막내따님이 재일교포와 결혼해 일본에 살고 있잖아."

나는 말없이 고개를 끄덕이면서 비어 있는 옆자리의 의자를 끌어당겨 그에게 권했다.

"채원종 씨는 만나 봤어?"

"아직."

"표절이 아니라 우연의 일치일 뿐이라고 강하게 일축했다면서?"

"대충 그런 스토리로 흘러갈 게 뻔한 일 아닌가, 이 사람아."

"발로 뛰어. 책상머리에 붙어 앉아 제멋대로 꾸며 쓰지 말고."

"또 시작이다, 그놈의 잔소리."

신문사 부근의 술집으로 자리를 옮겼다. 술집으로 옮겨 앉아서도 우리의 화제는 바뀔 줄을 몰랐다.

"기사가 나가게 되면 채원종 씨는 그것으로 끝장이겠지?"

"문단의 웃음거리로 그칠 일이 아니야. 표절작가란 낙인이 찍힌 이상 무슨 낯으로 작품활동을 계속하겠나."

"자업자득이야."

"하지만 석연치 못한 구석이 많아."

"주로 어떤 점이?"

"조만간 채원종의 창작집이 문예정신사에서 출간된다구. 그걸 어떻게 아느냐 하면, 내가 그 작품의 해설을 써 주었으니까."

"그런데?"

"내가 서태욱이라면 표절 시비를 쉬쉬 감추어 보려고 애썼을 거야. 채원종의 창작집 출간을 포기하지 않았다면 말이야."

"상황이 이렇게 전개된 이상 창작집 출간은 일찌감치 포기했다고 봐야겠지."

그러나 그는 고개를 가로저었다.

"그동안 톡톡이 효자 노릇을 해온 〈사람의 숲〉을 봐서라도 문학과 비평에다 〈가면놀이〉를 싣지 말았어야지. 표절인 줄 알면서 실어 준 저의가 뭐겠어?"

"처음에는 몰랐겠지."

"아니야. 그렇지 않아. 그 자는 처음부터 그 사실을 분명히 알고 있었어. 알고 있으면서 마지막 순간까지 모른 척 시치미를 떼고 있었던 거야. 잡지가 나오는 날 기자를 불러 그 사실을 슬그머니 흘려 준 것이 그 증거야. 고도의 계략이 숨어 있는 것 같애."

나는 천천히 술잔을 비워냈다.

"다른 사람도 아니고 모정문 선생님의 작품을 표절한 작가야. 그런 채원종을 애써 두둔하는 이유가 뭐야?"

"이번에 그의 창작집 해설을 쓰면서 나는 채원종이란 작가를 다시 보게 되었어. 그는 찬사를 받아 마땅한 능력 있는 작가야. 더더욱 중요한 것은 채원종 씨와 모정문 선생님의 인간 관계야. 채원종 씨가 모정문 선생님의 추천을 받아 문단에 데뷔했다는 사실은 알고 있겠지?"

"응."

"내가 장담하건대 채원종 씨는 스승의 작품이나 표절하는 그런 부도덕한 작가가 아니야."

"하지만 명백한 증거가 드러났는데야 어쩔 수 없잖아."

밤이 꽤 깊어서야 우리는 헤어졌다. 이튿날은 일요일이었다. 늦은 아침 식사를 마치고 아내와 함께 커피를 마시고 있는데 생각지도 않았던 이경후가 찾아왔다. 그의 집과 우리 집은 자가용으로 약 십분 거리였다. 그는 등산복 차림이었다.

"나 지금 등산 가는 길에 잠깐 들렀어."

그는 아파트 출입문 앞에서 가지고 온 책을 내게 내밀었다.

"이게 뭐지?"

"읽어 봐. 읽어 보면 참고가 될 거야."

그것은 포항에서 발행되는 동인지(同人誌) 〈동해문학〉이었는데, 거기에 '우리 모두 겸허하게 반성하자'는 채원종의 권두언이 실려 있었다.

——당신이 장편소설을 쓰기 시작했다는 소식을 전해 들었습니다. 나는 반갑게 생각하면서도 걱정이 앞서는 것을 어쩔 수 없었습니다. 아시다시피 우리 소설은 중·단편 위주로 발전해 왔습니다. 문학의 한국적 후진성으로 진단할 수밖에 없는 이런 현상과 관행은 2천년대를 목전에 둔 지금 이 시점에서도 변할 기미를 보이지 않고 있습니다.

지금 우리 나라에는 각종 문학상이 난립해 있습니다. 그 중의 몇몇 문학상은 전통과 권위를 자랑하고 있어 문단 안팎의 관심도가 매우 높습니다. 그런데 어떻습니까. 전통과 권위를 자랑하는 그 문학상의 수상작은 예외 없이 중·단편입니다. 이유는 지극히 간단한 원리에서 출발합니다. 수상의 물망에 올랐던 후보작까지 합쳐 단행본으로 묶어 팔아 먹어야 하기 때문입니다. 전통과 권위까지 싸잡아서 빤한 장삿속으로 다락해 버린 이런 이치구니없는 작태 앞에서도 우리 문단은 지금 속수무책입니다. 심지어 그런 작품들을 선정하는데 일조를 아끼지 않은 심사위원조차도 자기 반성 같은 것을 기대하기조차 어려운 이상한 상황에서 우리 모두는 장사꾼이 주선한 잔치마당에 묵시적인 참여를 강요받고 있습니다.

출판사에서 펴낸 한국문학전집의 경우만 해도 그렇습니다. 가령 100권짜리 전집이 나왔다고 합시다. 100권짜리 문학전집, 이건 생각만 해도 가슴이 벅찬 대역사(大役事)입니다. 이런 정도의 분량이면 우리 나라 문학 작품의 대표작은 거의 망라되었다고 믿어도 좋습니다. 여타 출판사에서 마르고 닳도록 우려먹고 또 우려먹은 작품들을 골라 모았다는 점이 다소 유감스럽기는 하지만 그것까지야 구태여 우리가 상관할 바가 아니겠지요. 그런데 나는 여기서도 참으로 이상한 현상을 발견합니다. 이 100권짜리 문학전집에 들어 있는 대부분의 작품이 중·단편에 국한되어 있다는 사실이 그것입니다. 사정이 그렇고 보면 그동안 오로지 장편소설에 전심전력을 기울여 온 작가의 작품이 이런 자리에서 제외되고 배척당하게 마련인 것은 당연지사 아니겠습니까.

신문에 실리는 기사나 월평(月評)을 보아도 그렇습니다. 주먹만한 활자에 대문짝만한 얼굴 사진까지 곁들여져 있어서 모처럼 대단한 작품이 나왔나 보다 싶어 설레이는 마음으로 내용을 훑어보면 고작 100장 안팎의 단편소설이거나 길어야 300장 안팎의 중편소설을 소개하고 있기가 예사입니다. 이런 기사가 실린 난에는 으레 장편소설 출간도 구색 맞추어 소개되고는 있지만, 그 내용이 아주 빈약합니다. 1단짜리 기사로 두세 줄, 길어야 대여섯 줄로 짤막하게 소개하고 있습니다. 적어도 1천 장, 많으면 2, 3천 장 이상의 장편소설이 그런 식으로 푸대접을 받아도 누구 하나 나서서 이의를 제기하는 사람도 없고, 이의를 제기할 처지도 못됩니다. 100장 내지 300장 안팎의 중·단편만도 못한 푸대접을 받아 가면서 애써 장편소설에 매달린 작가의 노고를 어리석고 미련하다고 손가락질을 하지 않은 것이 그나마 다행입니다.

기업체에서 발행하는 사보(社報) 덕분에 우리 작가들이 그동안 참 많은 콩트를 발표했습니다. 그래서 콩트집도 여러 권 나왔구요. 하지만 이들 콩트가 비평의 대상이 된 적을 나는 보지 못했습니다. 콩트와 단편의 속성이 다르고, 중·단편과 장편의 위상이 다르다는 것을 모르고 하는 말이 아닙니다. 짧은 소설이 우대받는 우리 나라 문학 풍토에서 콩트가 비평의 대상이 되지 않는 까닭을 나는 모르겠습니다.

중·단편이 우리 나라처럼 우대받는 나라는 아마 유례를 찾아보기 어렵지 않나 생각합니다. 그러나 내가 감히 단언합니다. 지금은 비록 빼어난 우수작으로 손꼽혀 세상의 눈과 귀를 속이고 허명(虛名)을 훔치지만 그것이 중·단편인 이상 오래잖아 지금 우리가 예사롭게 대하는 콩트 이상의 관심도를 지니지 못할 날이 반드시 있을 것입니다. 누가 뭐라고 하든 소설의 주체는 마땅히 장편이어야 하고, 그것은 세계적인 추세이기도 합니다. 내가 과문한 탓인지는 모르겠으나 중·단편이 노벨문학상의 수상작으로 선정된 적이 없다는 사실을 기억하셔야 할 줄로 압니다.

말이 기왕에 노벨문학상에 이르렀으니 짧게 한마디만 언급하겠습니다. 어쩌다 그 방면에 길이 열려 작품이 영어나 불어로 번역이 되기만 하면 그 당장 노벨문학상 심사위원이 꺼뻑 죽어 달려올 것처럼 착각하고, 나라의 힘이 거기에 미치지 못함을 안타까워 하는 덜 떨어진 얼치기 시인·작가들이 우리 주변에는 적지 않습니다.

요즘 생각을 바꾸자는 말들을 참 많이 하고 있습니다. 그렇습니다. 우리 문단도 틀에 박힌 고정관념에서 탈피할 때가 되었다고 봅니다. 시인·작가는 말할 것도 없고, 신춘문예를 포함한 각종 문학상 심사에 참여하는 심사위원들, 그것을 주최하는 출판사와 잡지사들, 그리고 문학비평가들 모두가 마음의 그릇을 크게 가져야 하겠습니다. 내가 다시 말하지만 이제부터라도 장편소설에 보다 적극적인 관심과 애정을 기울여야 하겠습니다. 조금 잘 팔리면 대중소설로 매도하고, 안 팔리면 함량 미달로 단죄하는 이런 무책임한 이분논법으로 방치해 둔다면 우리의 장편소설은 더 이상의 발전을 기대하기 어렵습니다.

나는 내가 문단 말석에 보잘 것 없는 얼굴을 내밀었을 때를 가끔 돌이켜보곤 합니다. 그 무렵은 난생 처음 만난 사이면서도 동류(同類)라는 사실 하나만으로 마치 오랜 지기지우(知己之友)인 것처럼 서로 인정 베풀기를 꺼리는 법이 없었습니다. 그런데 지금은 어떻습니까. 이편인가 저편인가 먼저 알아보고 내 편이 아니면 깔보고 업신여기고 배척하고 손가락질하는 일이 노골적이게 되었습니다. 인심이 이렇게

까지 야박하고 각박한 적이 옛날 어느 시대에도 없었던 걸 우리는 알아야 합니다.

문학상 심사에 참여하는 사람들이 반성해야 할 점도 적지 않습니다. 예로부터 허물 있는 자에게 죄를 내리기보다 잘한 사람에게 상을 주기가 더 어렵다 하였습니다. 공정하고 명백하게 살펴서 의혹이나 억울한 사람이 없게 하기란 그리 쉬운 일이 아닙니다. 권하고 강요하는 이가 있더라도 모름지기 조심하고 두려워하는 마음으로 사양하고 양보하여 덕과 능력을 갖춘 사람에게 책임이 가도록 스스로를 낮추어 살아가는 것이 폐단을 방지하는 지름길이 아니겠습니까. 두어 번 선택받아 위력을 발휘해 보았으면 그것으로 만족할 일이지, 나아갈 자리와 물러서야 할 곳을 구분하지 못하고, 부르는 곳마다 숨가쁘게 달려가서 사정(私情)을 교묘히 숨기고 평소에 친한 사람이나 아류(亞流)를 밀어 주고 끌어올리기를 능사로 삼는 이가 우리 문단에는 분명히 있습니다. 신춘문예에 참여하는 심사 위원도 사정은 별반 다르지 않습니다. 다양한 개성을 갖춘 신인을 발굴한다는 것은 우리 문학의 내일과도 직결되는 문제여서 참으로 중요한 일입니다. 그러자면 심사 위원도 따라서 다양해져야 한다고 봅니다. 저만한 능력과 덕망을 갖춘 작가가 세상에 없는 것이 아닙니다. 부르고 권한다 하여 때만 되면 신문사마다 쫓아가 어줍잖은 평문(評文)으로 지면을 어지럽혀 뜻있는 사람들의 눈살을 찌푸리게 하면서도 부끄러움을 모르는 소인배는 없는지요. 보기에 딱하고 민망하지만 이런 사람들이란 예로부터 제가 남보다 잘난 줄만 알았지 세상에 사람 있는 줄을 알지 못합니다. 이런 사람들이란 남의 말에 귀를 기울이는 법이 없습니다. 사양하고 양보하는 것이 스스로를 위해서도 좋지 않겠느냐 충고할라치면 오히려 불같이 화를 내게 마련이어서 차라리 가만히 웃어 보이거나 못 본 척 돌아서는 것이 미덕인 지 이미 오래 되었습니다. 어른이 어른답지 못하면서 젊은이들의 버릇 없고 방자함을 탓해 보았자 무슨 소용이겠습니까.

그렇다고 사태가 절망적인 것만은 아닙니다. 지금은 비록 거기에 상응하는 대접을 받지 못하지만, 그래도 시류에 야합하지 않고 정도(正道)를 걸어가고자 고군분투하는 젊은 작가들이 우리 곁에 많이 있습니다. 출판사나 문예지의 주구(走狗)로 전락해 버린 사이비 비평가들이 비평 일선에서 물러서고, 여타 작품은 읽어 보지도 않고 미리 수상자를 결정해 가지고 심사장에 나아가 교묘한 화술과 문력(文歷)의 권위로써 상대방을 제압하여 자기 고집만 부리거나, 주최측의 농간에 놀아나면서도 그게 아닌 척 시치미를 떼는, 어른답지 못한 심사위원 단골손님들이 도태되는 날도 멀지 않았습니다. 오로지 사람 만났다는 실적 쌓기에 분주한 관련 고위 관리(官吏)를 만나 사리에 닿지도 않은 몇 마디 요설을 중언부언 지절거려 놓고 마치 한국문학 발전에 지대한 직언(直言)이나 남긴 듯이 으스대는 덜 떨어진 문사(文士)들이 설 자리도 그리 많지 않습니다. 시인 · 작가가 같은 자리에 함께 있더라도 말이 비평가나 문학상 심사위원에 미치게 되면 입을 가리고 손짓을 하면서, 이로 인해 다만 손해를 입을 따름이라고 서로 경계하기에 분주한 소인배들이 물러서는 날, 우리 작가들의 서사 역량을 충분히 자아낼 수 있는 문학적 장치도 자연스럽게 마련될 줄 믿습니다. 아무쪼록 열심히 쓰십시오, 사랑하는 나의 마글론!──

내가 그 글을 읽고 가장 먼저 떠올린 사람은 서태욱이었다. 그 이유는 서태욱이 그동안 각종 문학상이나 신춘문예의 단골 심사위원으로 위력을 발휘해 온 때문이었다. 서태욱을 구체적으로 지칭한 대목은 물론 그 글의 어느 대목에도 없었다. 하지만 서태욱을 연상하는 글이라는 점을 인정하는데 그다지 큰 어려움이 없는 것도 사실이었다. 예를 들어 서태욱이 심사위원으로 참여하는 문학상의 수상자로 문예정신사에서 창작집을 내지 않은 작가가 거의 없다는 사실은 숨겨진 비밀이 아니었다. 그로 인해 서태욱 주변에는 많은 젊은 작가들이 어른거렸고, 문단 안팎에서는 그들을 서태욱사단으로 분류하기를 꺼리지 않았다. 스스로는 어떻게 생각하고 있는지 모르겠으나 〈사람의 숲〉을 낸 이후로 채원종 역시 그 대열에 편입되어 있었다. 그런 그가 서태욱에게 반기를 드는 듯한 글을 내놓았고, 그것이 빌미가 되어 서태욱이 채원종을 타기(唾棄)하게 되었는지도 모른다는 의혹이 내 머리를 스쳐갔다.

나는 채원종의 집으로 전화를 걸었다. 전화를 받은 사람은 그의 부인이었다.

"요즘은 퇴촌 집필실에 내려가 계시는데요."

채원종이 직장 없이 글만 써서 먹고 사는 전업작가라는 사실은 진작부터 알고 있었지만 교외(郊外)에다 집필실까지 갖추고 있을 줄은 전혀 예상 못한 일이었다. 내가 알기로 그의 부인이 초등학교 교사였다. 나는 부인이 가르쳐 주는 퇴촌 집필실 전화번호를 메모지에다 옮겨 적었다. 전화를 끊기 직전에 그의 부인은 말했다.

"지금 집필실에 계시지 않을는지도 모르겠네요."

"왜요?"

"오늘 아침에 통화를 했는데 오전 중에 서울로 들어오신댔어요. 문예정신사에 볼일이 있다면서요."

"일요일인데, 출근하는 사람이 있을까요?"

"그건 잘 모르겠습니다."

나는 부인과의 통화를 끝내고 퇴촌으로 전화를 걸었다. 신호는 가는데 전화를 받는 사람은 없었다. 전화를 끊었다가 다시 걸어 보았으나 결과는 마찬가지였다. 나는 혹시나 싶어 이번에는 문예정신사로 전화를 걸었다. 당직 근무자거나 경비원인 듯한 남자가 전화를 받았다.

"서태욱 주간님께서 나와 계십니까?"

"아니요. 오늘은 일요일입니다."

매우 귀찮아하는 투가 역력했다.

"댁에 전화를 걸어 보았더니 회사에 나가셨다고 하더군요."

"어디신가요?"

"신문삽니다."

"어느 신문……?"

나는 수화기를 내려놓았다. 전화를 끊고 나서 나는 곧 후회했다.

채원종이 거기에 들렀더냐고 물어 보았어야 했고, 나중에라도 그가 나한테 전화를 걸 수 있는 조치를 취해 놓았어야 했던 것이다. 다시 전화를 걸고 싶었으나 그렇게 하지 못했다. 말하는 도중에 일방적으로 전화를 끊어 버린 탓이었다. 나는 이리저리 궁리하다가 서태욱의 집으로 전화를 걸었다. 그 역시 부재중이었다.

나는 채원종의 집으로 다시 전화를 걸었다.

"밤이 늦어도 상관없습니다. 상의할 일이 있어 그러니 나한테 전화를 걸어 주시면 좋겠다고 전해 주십시오."

나는 그의 부인에게 우리 집 전화번호를 알려 주었다. 그러나 채원종에게서는 전화가 걸려 오지 않았다. 밤에 나는 다시 그의 부인과 통화를 했다. 채원종은 그 날 집에도 오지 않았고, 하루 종일 전화 연락도 없었다고 그의 부인은 대답했다. 퇴촌 집필실로 전화를 걸어 보았으나 낮에 그랬던 것처럼 여전히 전화를 받는 사람은 없었다.

월요일 아침에 출근한 나는 다시 채원종을 찾기 위해 여기저기 전화를 걸어 보았다. 그러나 그는 여전히 실종(失踪) 중이었다. 오전 내내 기다렸으나 그에게서는 아무 연락이 없었다. 오후에 나는 문예정신사로 서태욱을 찾아갔다.

"제가 알기로 선배님은 문학과비평에 실리는 작품을 사전에 읽어 보고 게제 여부를 결정한다고 들었습니다."

"그야 당연한 일 아닌가."

"〈가면놀이〉도 예외는 아니겠지요?"

"물론이지."

"그렇다면 표절 여부는 처음부터 알고 있었다고 봐도 되겠습니까?"

나는 쿡 찌르듯이 물었다. 그는 고개를 가로저었다.

"그렇지 않아. 처음에는 전혀 몰랐지. 나중에 편집장이 갖고 온 견본책을 살펴보다가 문득 그런 의심이 들었지. 그래서 부랴부랴 〈두 얼굴〉을 다시 찾아 읽어 보게 되었던 거야."

"사안이 사안인만큼 신중을 기하지 않을 수 없습니다. 그 점은 선배님께서도 충분히 이해해 주실 줄로 압니다."

일단 유보하겠다는 암시로 한 말이었다. 서태욱은 즉각적인 응답을 회피했다. 그러나 그는 결국 이렇게 말했다.

"선택의 여지가 없는 문제야."

서태욱은 대한신문 기자 출신이다. 그러니까 1980년에 신군부(新軍部)가 등장하는 와중에서 쫓겨난 해직언론인(解職言論人)이었다. 훗날 많은 사람들이 복직이 되었지만 그는 끝내 복직이 되지 못했다. 그의 그런 전력(前歷)을 알고 있는 우리 일간지 문학담당 기자들은 알게 모르게 그의 활동을 도와 주려고 적잖게 노력했고, 그 역시 우리 기자들을 적당히 거느릴 줄 아는 요령을 기자 출신답게 유감 없이 발휘했다. 이른바 작가 고문광(高汶光) 사건이 터지기 전까지는 말이다.

고문광은 쉽게 말해 기인(奇人)에 속한다. 나이 서른을 겨우 넘긴 처지이지만 수염과 머리를 길러 늙은 도인(道人)처럼 행세했다. 그는 문예정신사에서 그의 장편소설 〈사주보감(四柱寶鑑)〉이 출간되면서 문단 안팎에 처음으로 이름이 알려졌다. 그는 세수도 이발도 하지 않았고, 손도 씻지 않았으며, 이도 닦지 않았다. 그러면서도 그는 어디를 가나 항상 아름다운 여인을 대동했다. 주간지나 잡지에서도 그의 괴벽(怪癖)이 소개되는가 싶더니 드디어는 텔레비전 화면에도 그의 더럽고 지저분한 얼굴이 심심찮게 등장했다. 드디어 그의 장편소설 〈사주보감〉이 베스트 셀러 목록에 올랐다. 문예정신사에서는 때맞추어 대대적인 광고 공세를 전개하여 그의 주가를 더욱 드높였다.

모 주간지에서 처음으로 그의 괴상한 행각에 이의를 제기하고 나섰다. 그의 괴벽이 사실은 위장된 연출(演出)이라고 그 주간지는 폭로했다. 그 예로서 〈사주보감〉이 출간되기 전의 고문광이 얼마나 깔끔하고 정상적인 생활인이었는가를 여러 장의 사진으로 증명했다. 그는 자신의 주장대로 태백산에서 오랫동안 수도생활로 일관한 게 아니라 모 메리야쓰 공장 총무부에서 근무하다가 물러난 월급장이 출신이었다. 여기다가 〈사주보감〉의 주독자가 문예정신사 직원들이라는 이상한 소문도 함께 퍼지기 시작했다. 말하자면 베스트 셀러로 조작하기 위해 문예정신사 직원들이 대형 서점마다 찾아다니면서 〈사주보감〉을 암암리에 사들였다는 소문이 그것이었다. 사태가 이렇게 되자 서태욱이 나섰다. 그는 우리 기자들 앞에서 자신의 결백과 억울함을 호소하면서 사실 여부에 상관 없이 사회적 물의를 일으킨 〈사주보감〉의 중판(重版)을 중단한다고 발표했다. 가까스로 사태가 진정되기는 했지만 그로 인해 그동안 문예정신사에서 출간된 베스트 셀러 전부가 불신(不信)의 나락으로 전락하는 치명적인 수모를 겪지 않으면 안되었다.

"제가 선배님 입장이었다면 이번호 문학과비평의 배포(配布)를 일시 유보하는 조치를 취했을 것입니다."

그는 눈살을 찌푸렸다.

"나도 그 점을 생각하지 못했던 것은 아니야. 하지만 그건 내 권한 밖의 일이지. 아다시피 나는 이 출판사에서 힘들여 일해 주고 월급 받아 먹는 일개 고용인에 지나지 않아. 막대한 제작비를 들여 만든 책을 내 멋대로 처분할 수는 없는 일 아닌가."

그러나 문예정신사에서 서태욱은 단순한 고용인이 아니었다. 문예정신사 사장 서태익(徐泰翊)은 그의 친형이었다. 그는 모 아동물 출판사의 영업국장 출신으로 편집권 일체를 아우 서태욱에게 일임하고 있었다. 그가 마음만 먹는다면 문학과비평의 배포 유예는 물론 경우에 따라 파기(破棄)도 가능한 일이었다.

"포항 지방의 젊은 문인들이 내는 〈동해문학〉이라는 동인지를 보신 적이 있습니까?"

"있지."

"거기에 실린 채원종 씨의 권두언이 재미 있더군요."

"동감이야."

반응이 의외로 너무 담담해서 신기할 정도였다. 그 때문에 악감(惡感)을 가진 게 아니냐고 물어 볼 수가 없었다.

"채원종 씨의 창작집은 예정대로 나오게 되는 겁니까?"

"자네가 내 입장이라면 어떻게 하겠나?"

"표절 작가로 낙인이 찍혔으니 당연히 출판을 포기해야겠지요."

"생각해 보겠네."

신문사로 돌아갔을 때, 나는 데스크에게 불려갔다.
“지금 바빠?”
“아뇨.”
“얼굴 잊어 먹겠어. 우리 가끔 얼굴 좀 마주 보면서 함께 먹고 살자구, 응? 오늘 점심은 누구랑 먹었어?”
요점은 마지막 대목일 것이 틀림없었다.
“문예정신사 서태욱 주간을 만났습니다.”
“아, 그래?”
그는 한쪽 손을 들어 보였다. 그만 가 봐. 그러나 그게 아니었다.
“송기자.”
“네, 부장님.”
나는 도로 돌아섰다.
“서주간은 내가 올챙이 시절에 모셨던 대선배야. 알고 있지?”
“네.”
“사실은 말이야. 내가 그동안 좀 소홀했어. 다음에 만나면 내가 언제 한번 조용히 모시겠다고 정중히 말씀 좀 전해 주겠어?”
“알겠습니다.”
그는 아까처럼 다시 이마 위로 손을 살짝 들어 보였다. 서태욱과 통화를 했다고 그는 못박아 말하지는 않았다. 그러나 서태욱이 그에게 전화를 걸었을 가능성을 배제할 수 없었다.
나는 서둘러 모정문의 일본 전화번호를 수배했다. 이경후가 그의 전화번호를 알고 있었다.
“모시모시”
여자였다.
“여보세요. 여기는 서울입니다.”
“아 예. 누구신가요?”
“대한신문 문화부 송병국 기자입니다. 모정문 선생님과 통화를 하고 싶은데 지금 거기 계십니까?”
“잠시만 기다려 주세요.”

조금 있다가 모정문이 전화를 받았다.

"나 모정문이오."

"저는 대한신문 문화부 송병국 기자입니다. 기억하실는지 모르겠습니다만 이경후 군과 댁에서 한번 뵈온 적이 있습니다."

"아, 그래요."

자신 없는 어투였다. 그러나 나는 개의치 않았다.

"용건부터 말씀 드리겠습니다."

"그러시오."

"작가 채원종 씨가 문학과비평 가을호에 〈가면놀이〉란 중편소설을 발표했습니다."

"그런데요?"

"선생님께서 지난해에 어문학회 학술지에 발표하신 〈두 얼굴〉을 표절한 작품으로 밝혀졌습니다."

모정문은 아무 대답도 하지 않았다. 그의 숨소리가 조금 높아지는 것을 나는 수화기를 통해 감지했다.

"듣고 계십니까, 선생님?"

"듣고 있소."

"어떻게 생각하십니까?"

"〈가면놀이〉란 작품을 읽어 보기 전에는 내가 뭐라고 말할 계제가 아닌 것 같소."

그의 어투는 퉁명스러웠다.

"항공편으로 문학과비평을 급송(急送)해 드리겠습니다. 읽어 보신 다음에 소감을 말씀해 주시겠습니까?"

"그럴 필요 없소."

"아까도 말씀을 드렸습니다만 표절 여부가 너무 명백합니다, 선생님. 문학평론가 서태욱 씨가 증언해 주었습니다."

"채 군은 뭐라고 하던가요?"

"우연의 일치라고 잡아뗴었습니다."

나는 일단 거짓말로 응수했다.

"채 군이 그렇다면 그런 줄 알고 그냥 넘어갈 일 아니겠소?"

"예?"

"본인이 아니라는데 더 이상 무엇을 말하겠소."

나는 제자를 신뢰하는 모정문의 인품에 적이 감탄했다. 상대적으로 그런 스승을 배신한 채원종이 더욱 얄밉게 여겨진 것은 말할 것도 없었다. 이제 더 이상 주저할 까닭이 없다고 나는 판단했다.

나는 채원종의 부인에게 전화를 걸어 말했다.

"문학과비평에 실린 〈가면놀이〉가 표절이라는 제보가 들어왔습니다. 이 때문에 어제부터 내내 통화를 시도했지만 채 선생님과 연결이 되지 못했습니다. 지금이라도 나하고 통화할 수 있도록 부인께서 주선해 주시면 고맙겠습니다."

기사가 나가기 전에 그가 진술할 수 있는 마지막 기회였다. 말하자면 최후의 통첩이라고나 해야 할까. 그러나 기사 마감 시간까지 채원종은 아무 연락이 없었다. 나는 데스크로 기사를 넘기고 퇴근했다.

귀가해서 저녁을 먹고 텔레비전 뉴스를 시청하고 있는데 나를 찾는 전화가 걸려 왔다. 아내가 건네주는 수화기를 받아 보니 상대는 채원종이었다.

"지금 오백사동 앞 공중전화부스에서 전화를 걸고 있습니다."

504동은 내가 살고 있는 아파트의 앞동이었다.

"그럼 지금 우리 집 부근에 와 계신다는 말씀입니까?"

"네."

"제가 곧 내려가겠습니다."

외출복으로 갈아 입고 밖으로 나가 보니 내가 예상했던 대로 그는 좀 취한 상태였다. 그는 공중전화부스 부근의 나무의자에 꾸부정한 자세로 앉아 있었다. 그는 약간 취해 있었는데, 인사불성은 아니어서 그나마 다행이었다.

나는 그를 데리고 아파트단지 안에 있는 상가의 술집으로 갔다. 치킨 위주의 생맥주집이었다.

"채 선생님 요즘 연애하시죠?"

그는 어리둥절한 표정을 지어 보였다.

"무슨 말씀입니까?"

"다 아는 수가 있습니다. 솔직히 고백해 보세요."

"이 나이에 연애는 무슨 연애."

그는 애써 웃었다.

"그럼 그 여자와는 어떤 관계인가요?"

시종 내 눈길을 피하고 있던 그가 비로소 고개를 들고 정면으로 나를 바라보았다.

"그 여자라니요?"

"마글론이란 여자 말입니다."

그는 다시 피식 웃어 보였다.

"예전에 내가 사랑했던 여자를 마글론이란 별칭으로 부른 적이 있지요. 그 여자는 나를 피에르라고 불렀구요. 우리말로는 견우와 직녀를 뜻합니다. 우리는 서로를 무척 사랑했습니다."

이게 아닌데 싶었지만 나는 그의 이야기를 가로막을 수가 없었다. 그가 너무나 진지한 어조로 이야기를 계속했던 것이다.

"그 여자와 나는 고등학교 이학년 때 처음 만났습니다. 그로부터 구 년 이 개월을 사귀었습니다. 그런데 그렇게 오랜 동안 사귀고도 우리는 결혼을 하지 못했습니다."

"왜요?"

"그 여자가 나보다 서너 달 먼저 결혼을 했습니다. 화가 나서 나도 다른 여자와 결혼을 했지요. 그로부터 육 년이 지난 어느날 우리는 우연히 다시 만났습니다. 우리는 여전히 서로를 깊이 사랑하고 있다는 사실을 알았습니다. 하지만 그 여자는 슬하에 형제를 거느린 가정주부였고, 나는 남매를 가진 가장이 되어 있었습니다."

"그래서 어떻게 되었습니까?"

"나는 내가 미쳐 버리는 줄 알았습니다. 오로지 그 여자만을 생각하는 하루하루를 보내었으니까요. 아내와 함께 교회에 나가 기도를 하면서도 그 여자를 생각하는 한 사내의 부도덕을 상상해 보십시오.

아무비전도 없이 예비된 파국을 향해 질주하는 사랑이란 당사자들의 그 어떤 변명에도 상관 없이 궁극적으로는 손가락질과 따가운 비난이 기다릴 따름이지요."

어디선가 들어 본 적이 있는 이야기였다. 가만히 생각해 보니까 그의 소설 〈사람의 숲〉에 들어 있는 이야기였다.

"스님 한 분을 만났다. 그 스님한테 여쭈어 보았다. 스님, 그 여자와 나는 왜 결혼을 하지 못했을까요? 스님이 대답했다. 두 사람은 전생(前生)에서 아마 아들과 어머니였을 것이오. 이상한 일이었다. 그 말을 듣는 순간 나는 가슴에 맺힌 한(恨)의 올가미에서 풀려나는 듯한 구원의 빛을 보았다. 대충 이런 식으로 결말이 나지 않았던가요?"

"읽어 보셨군요."

"그럼 〈사람의 숲〉이 일종의 사소설(私小說)이었던가요?"

"그렇지는 않습니다. 하지만 많은 부분이 내가 겪었던 경험담이었던 것만은 사실입니다."

그의 소설 〈사람의 숲〉을 처음 내었던 출판사는 장음사(長音社)였다. 그런데 초판 2천 부를 찍는 것으로 사장(死藏)되는 비운을 맞고 말았다. 나중에 모정문의 소개로 서태욱이 그것을 문예정신사에서 재출판했다. 그는 〈사람의 숲〉을 재출간하면서 계간문예지 문학과비평에다 '이 작품을 재평가한다'는 타이틀로 작품론을 실었다. 내가 사회부에서 문화부로 자리를 옮겨 앉은 것도 그 무렵이었다. 나는 전공이 국문학이었고, 학생 시절에는 분명 작가 지망생이었다. 그렇지만 나는 대학을 졸업하고 신문사에 취직이 되어서는 오랜 동안 사회부 기자로 활동했다. 문화부로 떨어진 것은 순환근무제의 일환이었다. 덕분에 나는 대한신문 선배 기자였던 서태욱을 만났고, 그의 조언을 받아 〈사람의 숲〉을 대서특필했다. 채원종을 만난 것도 그 때가 처음이었다. 그는 나보다 일곱 살 위였다. 운이 따랐다고나 해야 할는지 모르겠다. 〈사람의 숲〉은 재출간 육 개월만에 무려 이십만 부를 돌파하는 베스트 셀러로 군림했다. 대중적인 인기를 얻으면 문학적인 평가에서 소홀해지고, 문학적으로 높은 평가를 받으면 대중적인 인기에서 멀어진다는 우리 문단의 통설을 뒤엎고 〈사람의 숲〉은 보기 드물게 문학적인 평가와 대중적인 인기를 동시에 획득했다. 내가 보기에도 그만한 대접을 받아 마땅한 수작(秀作)이었다.

"〈사람의 숲〉은 요즘도 잘 나가지요?"

"베스트 셀러 목록에서 빠진 지 오래됐습니다."

그가 어딘지 모르게 흔들리고 있다는 사실을 나는 언뜻 감지했다. 뭐라고 표현해야 할까. 오랫동안 정상에서 인기를 누려 온 가수가 다음 히트곡을 내지 못해 안달하는 것과 흡사한 그런 초조한 눈빛이었다.

"동인지 〈동해문학〉을 보았습니다."

"바쁜 사람이 뭐 그런 시시한 걸 다 읽어 보십니까."

"시시하게 보았다가 한방 얻어 맞았지요. 신문 기사에 대한 불만이 적지 않다는 것도 알았습니다."

그는 조용히 웃어 넘겼다.

"채 선생님 스스로도 피력하셨더군요. 시인 · 작가가 같은 자리에 함께 있더라도 말이 비평가나 문학상 심사위원에 미치게 되면 입을 가리고 손짓을 하면서, 이로 인해 다만 손해를 입을 따름이라고 말입니다. 허구 많은 사람들 중에서 채 선생님이 굳이 총대를 매고 나선 연유를 모르겠습니다."

"포항 후배들이 모처럼 동인지를 내게 되었다면서 내게 원고를 청탁해 왔더군요. 우리 문단의 병폐를 지적하고, 개선 방향을 논의해 주면 좋겠다는 주문이었습니다. 시골에서 나오는 동인지라 별 부담 없이 가벼운 마음으로 써본 글이 그렇게 되었습니다."

"알고 계십니까? 서태욱 선배님께서 특히 서운해 하시더군요."

슬쩍 떠보았으나 채원종은 아무 표정의 변화가 없었다. 시계를 보니 어느덧 열한시를 넘어서고 있었다. 가게 주인이 문 닫을 준비를 하고 있었다. 나는 더 이상 딴전을 피우지 않기로 마음먹었다.

"여기까지 나를 찾아오신 목적이 있었을 게 아닙니까. 〈가면놀이〉가 표절이 아니라는 변명을 하고 싶으신 거지요?"

그는 어조를 조금 가다듬었다.

"송기자."

"네."

"나는 데뷔 십년이 넘도록 누구 하나 알아 주는 이가 없는, 외롭고 고달픈 무명 작가였습니다."

"그런데요?"

"〈사람의 숲〉 덕분에 겨우 문명(文名)을 조금 얻었는데, 이제 표절 작가로 낙인이 찍힌다면 그 결과가 어떻게 되겠습니까."

"그래서요?"

"내 말을 믿어 주십시오. 표절은 아닙니다."

역시 예상 그대로였다. 나는 침이라도 뱉어 주고 싶은 충동을 가까스로 참았다.

"허나 늦었습니다."

"기사를 기어이 넘기셨군요?"

"내일 아침 신문을 찾아보십시오."

"지금이라도 그 기사를 취소시킬 수 있었으면 좋겠는데, 어떻게 좀 안될까요?"

가슴으로 차갑게 밀려드는 아득한 절망감에 나는 순간적으로 치를 떨었다. 가만히 생각해 보니 그것은 분노가 아니라 비애였다.

"그만 가 보시죠."

마침 가게 주인이 그만 문을 닫아야겠다면서 술값 계산을 요구했다. 내가 술값을 치르는 동안 그는 먼저 문을 열고 밖으로 나갔다. 내가 밖에 나가 보니 어느 새 그의 모습은 어디에서도 보이지 않았다. 상가 모퉁이를 돌아가려는데, 벽에다 한쪽 손을 짚고 꾸부정하게 서 있는 사람이 있었다. 그가 채원종이었다. 그는 손가락을 목구멍에 집어넣고 우웩우웩 토하고 있었다. 그는 사이사이에 누군가에게 욕설을 퍼붓고 있었다. 처음에는 무슨 말인지 알아듣지 못했으나 가만히 종합해 보니 이런 말이었다.

"더럽다. 치사해."

그의 그런 뒷모습을 훔쳐보면서 희안하게도 나는 그가 감내하기 어려운 회오(悔悟)나 고통에 몸부림을 치고 있다는 생각이 전혀 들지 않아 스스로에게 당혹스럽기 짝이 없었다. 그 이유를 나는 후에 알았다. 그러니까 그로부터 두 달쯤 지난 어느 날이었다. 나는 문예정신사에서 보내온 초대장을 살펴보다가 너무 놀라서 한동안 벌어진 입을 다물지 못했다. 채원종이 제8회 문예정신문학상 수상자로 결정되었다는 뜻밖의 소식이었던 것이다. 수상 작품은 그의 창작집 〈가면놀이〉였고, 심사위원은 서태욱과 모정문 두 사람이었다.

그동안 나는 문예정신사 쪽으로는 의도적으로 발길을 끊고 지냈다. 문화부에서 생활과학부로 자리를 옮겨앉은 탓도 없지 않았다. 내가 자리를 옮겨 앉은 뒤에 서태욱 쪽에서 만나자는 연락이 두어 번 왔으나 나는 정중히 거절하는 것으로 나의 불편한 심기를 표출했다.

내가 놀랍게 생각한 것은 채원종의 창작집 〈가면놀이〉가 출간 한 달만에 베스트 셀러 상위권에 진입했다는 그 사실이었다. 장기 베스트 셀러였던 〈사람의 숲〉 덕분이라고 보는 견해도 있었고, 출간 직전에 빚어진 표절 시비가 독자들의 호기심에 불을 질렀다고 분석하는 사람도 있었다. 만약 그것이 사실이라면 내가 쓴 기사가 나간 지 일주일만에 〈가면놀이〉를 표제작으로 삼은 채원종의 창작집을 전격 출판한 서태욱의 계산은 어쨌든 적중한 셈이었다. 그 점에 대하여 이경후는 내 앞에서 이렇게 분통을 터뜨린 적이 있었다.

"내가 해설을 써 넘길 때만 해도 〈가면놀이〉는 들어 있지 않았어. 그런데 하필이면 〈가면놀이〉를 표제작으로 내세운 까닭이 뭐겠어. 이건 처음부터 서태욱이 의도적으로 꾸민 치사하고 졸렬한 연극이자 음모였다구. 너나 나나 그 자의 장단에 놀아난 꼭두가시였단 말이야."

시상식은 사흘 뒤에 거행되었다. 그 날 나는 만사 제쳐놓고 일부러 그 시상식에 참석했다. 축하하기 위해서는 결코 아니었다. 내가 예상했던 것보다 많은 문인들이 참석해서 그야말로 입추의 여지 없이 성황을 이루고 있었다. 문학과비평이 차지하는 위력을 다시 보는 듯해서 나는 약간 착잡했다. 채원종은 나를 보자 다소 당황하는 빛이 역력

했지만 서태욱은 전혀 그렇지 않았다. 그가 내 손을 너무 세게 잡고 흔드는 바람에 나는 삐져나오는 비명을 가까스로 눌러 참아야 했다.

채원종은 수상 소감을 너무 싱겁다 싶을 정도로 간단히 끝냈다. 그러나 모정문의 축사(祝辭)는 꽤나 장황했다. 그는 수상자 채원종과의 개인적인 친분 관계에서 수상작에 대한 작품 평가에 이르기까지 비교적 세세히 설명하고 마지막으로 이렇게 덧붙였다.

"전에 보도된 적이 있어 많은 사람들이 익히 알고 있는 줄로 압니다. 이번의 수상작 〈가면놀이〉가 내 작품 〈두 얼굴〉의 표절이라고 지적한 기자가 있었지요. 그 기자의 지적은 지당합니다. 내가 보기에도 두 작품의 줄거리가 너무 유사합니다. 허나 사실은 그렇지 않습니다. 아직도 혹 오해의 소지가 남아 있지 않을까 싶어 이 자리에서 다시 한 번 분명히 밝혀 두거니와 표절은 절대 아닙니다. 아까도 말씀을 드렸습니다만 작가 채원종 씨는 남의 작품이나 표절하는 그런 부도덕한 작가가 아니라는 점을 첫 번째 이유로 들 수 있습니다. 채원종 씨는 정직한 작가입니다. 그러면 어째서 표절이라는 치명적인 의혹을 사게 되었는가? 거기에는 그만한 이유랄까, 내력이 숨어 있습니다. 그 원인 제공자는 문학과비평의 서태욱 주간입니다. 아마 서너 해 전이라고 생각합니다. 서 주간하고 나하고 채원종 씨 하고 셋이서 술자리를 마련한 적이 있었지요. 그 자리에서 서 주간이 하 아무개에 대해 이야기를 아주 소상히 한 적이 있습니다. 그러니까 나의 〈두 얼굴〉이나 채원종 씨의 〈가면놀이〉는 바로 그 하 아무개를 모델로 씌어진 일종의 실명소설이랄까요. 그 하 아무개라는 사람이 사회적으로 대단한 명성을 떨치고 있던 지도급 인사였는데, 이면에 그런저런 이중성과 스캔들을 갖고 있다는 숨은 이야기를 서 주간이 우리 두 사람한테 들려 주면서 좋은 소설감이라고 추천을 했지요. 작가인 우리 두 사람에게는 매우 충격적인 이야기였습니다. 결국 그 충격이 모티브가 되어 〈가면놀이〉와 〈두 얼굴〉이 태어난 거지요. 사람에 따라서는 같은 이야기라도 전혀 다른 형태의 작품을 쓰게도 되지만, 우리 두 사람처럼 유사한 형태로도 빚어진다는 것을 구태여 이상한 눈길로 노려볼 필요는 없다고 생각합니다."

그의 이야기를 여기다 더 이상은 옮기고 싶지 않다. 그리고 모정문이 거짓말을 하고 있다고도 생각하지 않는다. 그러나 나는 여전히 내 의식의 한쪽 끝에 엉겨붙는 의혹을 떨쳐 버릴 수 없었다. 서태욱이 〈가면놀이〉를 표절로 몰아붙인 이유 말이다. 내 친구 이경후가 애초에도 그랬고 나중에도 지적했듯이 표절 문제는 과연 서태욱의 계산된 음모이자 계략이었을까. 그렇다면 그는 덕망과 지조를 자랑하는 선비이기 전에 치부를 위해서는 수단과 방법을 가리지 않는 한갓 탐욕스런 도박꾼이란 말인가. 그래, 그는 그렇다고 치자. 돈벌러 나선 장사꾼이니까. 하지만 채원종은 어떤가. 자칫하면 작가 생명이 그것으로 끝나 버릴 수도 있는 자해(自害)를 감수하면서까지 그가 도박판의 훈수꾼으로 야합한 점을 나는 도저히 이해할 수 없었다. 어쩌면 두 얼굴의 가면놀이를 기획하고 즐긴 사람은 서태욱이가 아니라 채원종 바로 그 자신이었는지도 모른다는 새로운 의혹이 내 머리를 스치고 지나갔다.

수필

위대한 한국인

김 영 준

이 지구상에는 약 66억 인구가 저마다의 삶을 누리며 살아가고 있다. 또한 백인종, 흑인종, 황인종으로 피부색에 따라 크게 세 갈래로 나뉘고 있으며 현재 말해지고 있는 언어는 2500~3500개이나 국가는 237개국(국정원 자료는 231개국)에 불과하다. 그 중 가장 많이 사용되어지고 있는 것은 중국어로 중국, 대만, 홍콩, 마카오, 싱가포르가 약 10억 명 이상이며 힌디어, 스페인어, 영어, 아랍어, 포르투칼어, 벵골어, 러시아어, 일본어, 판자브어가 각각 1억 명 이상씩 사용하고 있다. 한글은 남북한 합해서 7500명 정도이며 사용 인구면에서 17번째이다. 일부 세계 언어 학자들은 2080년쯤이 되면 영어, 중국어, 스페인어, 한글만이 잔류하게 될 것이라고 말하고 있다. 현 세계의 공통언어는 영어이지만 그것은 국제적 영향력에 의한 것이지 언어의 우수성에 의한 것은 아니라고 한다.

김영준

- 호는 석산
- 한국문인협회 중앙위원 • 시와 수상문학 자문위원
- 코리아 뉴스타임 논설위원 • 한울문학 사무처장 역임
- 신안문학회 부회장 역임 • 한국영상문학협회 회장 역임
- 시집: 당신곁을 맴도는 바람
- 시집공저: 이슬을 깨운 새벽별 외 다수
- 동인시집: 섬새들의 노래 외 다수

세계 언어 학자들 사이에서는 한글이 가장 우수한 글자라고 공인하고 있으며 한글을 세계 공통어로 사용해야 한다고 주장하는 외국 언어 학자들이 다수라 한다. 그리고 문자가 없는 소수민족에 UN이 보급하고 있는 글자는 바로 한글인 것이다. 1446년 세종대왕 28년에 반포된 훈민정음은 우리나라의 국보 70호로 지정되어 있음을 결코 잊어서는 안될 것이며 자랑스럽게 여기고 우리 한글을 더욱 발전시켜 나가야 할 것이다. 중국의 한자는 표의문자(表意文字)로 회화문자나 상형문자와 같이 그것으로 사물을 나타내는 말을 표시한 문자로, 글자 하나하나가 음과는 상관없이 말의 뜻을 나타내지만 한글이나 로마자와 같이 음성만을 나타내는 글자를 표음문자(表音文字)라고 부른다. 즉 한글은 소리글자로서, 훈민정음이란 바로 "백성을 가르치는 바른 소리" 란 뜻을 의미한다.

이렇게 우수한 글자를 언어로 사용하고 있는 대한민국 국민이 오랫동안 주체성을 상실한 채 타민족의 억압을 받으며 살아 온 것을 교훈삼아 하나로 크게 뭉치지 못하고 분열되어 살아가야만 하는지 심히 통탄스럽지 아니할 수 없다. 어느 누군가로부터 들은 말이 생각난다. 한국인 개개인은 무척 강하나 모이면 모래성과도 같다고 했다. 이것은 자기 자신만을 위하고 남과 타협하여 협력하지 않는 이기적인 성격을 뜻하는 것인지도 모른다. 한국인이라고 다 그렇겠는가마는 어찌되었든 좋은 말이 아닌 것은 사실이다. 대체로 한국인은 급한 성격기질이 많다. 오죽하면 외국인들은 한국인을 가리켜 "빨리빨리 문화가 정착된 민족"이라고 말할 정도이다. 대륙기질인 중국의 만만디(慢慢的) 정신이 전혀 없다. 만만디 정신이 좋다는 말은 아니다. 경우에 따라서는 느긋하게 기다릴 줄도 알아야 한다는 뜻이다.

급한 성격은 상대의 말의 진위를 파악하지 못하고 자기 주장만을 내세우다가 결국에는 타협을 할 줄 모르고 일을 그릇치게 되는 경우를 초래하게 되는 것이다. 세상은 더불어 살아감을 잊어서는 안된다.

대나무처럼 곧고 강직하게 살아가야 하지만 때론 부드럽고 순하게 갈대나 억새처럼 휘어질 줄도 알아야 한다. 그렇다고 불의와 타협하라는 것은 아니다. 모난 돌보다는 둥글둥글한 돌이 물과 어우러져 아름다운 소리를 내는 것과 같은 이치라고나 할까. 커피 자판기에 동전을 넣자마자 컵 배출구에 손을 들이미는 사람, 신호등이 떨어지자마자 급히 출발 안한다고 빵빵 경적을 울리는 사람, 음식 주문을 해놓고 빨리 안나온다고 재촉하는 사람, 집 지어 달라 하고는 공기(工期)를 단축해야 한다는 사람, 무슨 일이든지 과정보다는 결과만을 바라는 사람 등등 우리 사회에 만연하고 있는 빨리빨리 문화는 개선되어야 하겠다.

우리의 옛 야사에는 빨리빨리 문화에 대한 재미있는 이야기가 있다. 성질 급한 사람이 출세가 빠르다고 생각하고 그런 사위를 찾고 있는 한 영감이 성급한 놈 하나를 발견했다. 측간에 들면서 허리끈이 잘 풀리지 않으니까 주머니칼을 꺼내어 자르는 것을 보았기 때문이다. “너 이놈 잘 살겠으니 사위 삼겠다.” 하고 날을 잡자고 하니까, “날 잡을 것 뭐 있습니까? 오늘 밤 해치웁시다.”했다. ‘아따 그놈 되게 출세 빠르겠다.’ 하고 신방을 차려주었더니, 이튿 새벽에 신부 비명소리가 들려나온지라 영감이 달려가 보았더니 신랑놈이 빗자루 거꾸로 들고 신부를 패대고 있는 것이었다. 하룻밤 잤으면 애를 낳아야 할 게 아니냐는 것이었다. 이 이야기는 빨리빨리 문화에 대해 부정적인 시각으로 바라본 단적인 예라 아니할 수 없다. 왜 사회의 시각은 빨리빨리 문화를 부정적인 시각으로 바라보게 되는 것일까?

사실 빨리빨리라는 말 자체가 문제가 있는 것이 아니라 같은 결과를 빠른 시간내에 효과를 볼 수 있다는 장점이 있는 반면 대충으로 적당히 처리한다는 단점을 야기할 수도 있다. 자칫하면 과정은 무시하고 결과만을 얻기 위한 방향으로 흐르기 쉽기 때문이다. 즉 빨리빨리라는 말은 대충대충이라는 말로 인식되어지기 쉽다. 바로 사회현상에 따른 오해에서 비롯되는 것이기도 하다. 그러나 빨리빨리 문화가 과정과 원칙이 철저히 지켜진다면 세계적으로 한국인의 우수성을 입증할 수 있는 좋은 본보기가 될 수 있다고 믿어 의심치 않는다. 우리는 바로 그 점을 똑바로 인식하고 부정적인 시각이 아닌 타민족이 우러러 볼 수 있는 우수한 민족으로 거듭나야 할 것이다. 머잖아 남과 북이 합쳐 힘을 모으고 세계에서 가장 부지런한 민족, 가장 우수한 표음문자인 한글을 사용하는 위대한 한국인으로 우뚝 솟아야 할 것이다.

제사(祭祀)에 대한 소견(所見)

제사(祭祀)를 국어사전에서 찾아 보면 "신령에게 정성을 드려 하는 의식"이라고 되어 있다. 그렇다면 신령(神靈)은 "풍습으로 섬기는 모든 신" 또는 "신기하고 영기를 띰"이라고 되어 있으니 신이 있다는 말로 풀이해야 힐 것인가? 대체로 나는 신을 믿지 않는다. 그렇다면 제사는 왜 지내는 것일까. 나는 이렇게 생각한다. 제사란 신이나 영혼(靈魂)에게 지내는 것이 아니라 살아 생전의 윗사람이나 가까웠던 이에 대한 보고픔과 그리움의 표시라고 여기고 싶다. 일년에 단 몇 번만이라도 그분들을 생각하며 친지와 형제자매들끼리 모여 음식을 나누어 먹으면서 서로의 우의를 다진다고 보아야 할 것이다. 바쁜 일상생활 속에서 자주 만나지 못하니 돌아가신 날을 제사라는 명목으로 서로서로 만나는 것일 것이다. 거기에 설과 추석 명절에도 떨어져 있던 사람들이 함께 모이게 하는 구심점이 바로 윗사람 즉 돌아가신 조부나 부모 그리고 배우자 친척 등이다.

제사는 유교적인 입장에서 정립화되었지만 유교가 있기 전 아득한 옛날부터 시행되어 왔다. 인류가 이 지구상에 삶을 시작한 때부터 시작됐다고 볼 수 있다. 토테미즘 사상이 바로 그것이다. 그것은 인류가 바로 지각(知覺)을 지녔기 때문이다. 안녕과 질서를 위하고 두려움과 불안으로부터 자신들의 신변을 보호하고픈 욕망에서 막연한 그 무엇인가에게 약한 그들의 마음을 호소함으로서 제사는 시작되었다고 생각할 수 있다. 처음에는 부족단위로 실시하여 오다가 물질문명의 발달로 세분화 되어 이제는 가족단위로 변천하기에 이른 것이라 생각된다. 이 지구상에 현존하는 종교는 180여 가지가 된다고 어느 책에서 읽은 기억이 난다. 그 종교를 믿는 사람들은 각기 자신들의 신(神)을 섬기며 나름대로의 생활을 영위해 나가고 있다. 그 중 두드러진 몇 종교가 활발하게 인류사회의 중심으로 뻗어 나가고 있으니 바로 천주교, 기독교, 불교, 유교, 힌두교, 이슬람교 등을 들 수 있다. 각자 자기 마음에 드는 종교를 선택하는 것은 본인의 자유이다. 헌법에도 종교의 자유는 잘 명시되어 있다.

그리고 그 종교를 믿는 사람들은 자기 신(神) 외에 절을 할 수 없다 하여 제사를 거부하고 있다. 물론 어떤 종교는 절을 하지 않고 묵념으로 대신하기도 한다. 그러나 제사 때 절을 한다고 해서 그것이 우상숭배에 해당할까? 제사에서 절을 한다는 것은 보고픔과 그리움의 표시라고 서두(書頭)에 이미 말했다. 그것은 자기 윗 사람(부모)에 대한 예의로 떨어져 살던 형제자매 친척들이 1년에 한번 함께 모여 생전의 그분들을 기리며 그동안 나누지 못했던 정을 나누며 음식을 나누어 먹는 것이다. 그것을 거부한다면 그 종교들은 부모도 없고 오로지 자기들이 믿는 가상의 신만이 존재한다고 생각하는 것이 모순이라고 지적하고 싶다. 제사란 우상숭배도 아니며 신으로 섬기려는 어떤 의식도 아니다. 단지 자신들을 낳아주고 길러주고 입혀주며 먹여준 은혜에 대한 일종의 감사하는 마음인 것이다. 살아계셨을 때 못한 효도를 돌아가신 후에라도 조금이라도 용서를 빌려는 것이다. 이것이 어찌 자기들이 믿는 신의 종교에 위배된다고 하는 것일까.

법에 종교의 자유가 명시되어 있듯이, 종교는 절대로 강요해서는 안된다. 스스로 믿게 해야 한다. 그러나 모든 종교의 단면을 들여다 보면 오직 자기들이 믿는 신의 종교만이 유일하며 타 종교는 거짓 또는 잘못이라고 헐뜯는다. 자기가 믿는 신의 종교가 옳다면 남의 종교도 옳다고 인정해 주어야 한다. 종교의 참 뜻은 살아있는 동안 바른 마음으로 착하고 옳게 살자는 것이라고 믿는다. 모든 종교가 다 그렇다고 생각한다. 사후세계(死後世界)는 아무도 모른다. 아니 없다고 생각한다. 그런데 각 종교에서는 현실보다 사후세계를 더 열망하여 천당, 극락, 지옥 등을 열거하며 사람들의 마음을 사로잡으려 한다. 심지어 모 종교에서는 이승에서 재물을 많이 내면(바치면) 사후에 갖가지 과일이 주렁주렁 열리는 천상의 과수원을 재물량에 따라 소유하게 된다고 설파(說波)한다. 결국 모든 종교는 자신들의 이(利)를 위해 재물을 받아들이며 또 내게 한다. 그래서 어느 한 분은, 오늘날은 돈 없으면 종교생활도 마음대로 할 수 없다는 웃지못할 얘기를 했다.

나는 이 지구상의 모든 종교를 나름대로 긍정한다. 다만 내 자신이 믿지 않을 뿐이다. 믿고 안믿고는 각자 자신에게 달렸다. 나는 이렇게 생각하고 싶다. 절대로 종교를 강요하지 말며 타 종교를 비난하지 말라고...... 제사 역시 유교적인 입장에서라기보다는 단지 가장 가까웠던 사람과의 이별 후 일년에 한 번 가지는 마음의 만남인 것이지 그 어떤 종교적인 입장이 아니라는 것이다. 신(神)이나 영(靈)이 실제로 있다고 생각은 하지 않는다. 다만 마음으로 가상하여 생전에 함께 했던 일들을 회상함으로써 그려보는 것이다. 그것이 제사라는 매체를 통하여 살아계실 때 못해드렸던 음식을 차려 놓고 살아 계신 것처럼 대접하려는 일종의 자기 보상 심리인 것이다. 제사지내는 사람을 두고 어떤 종교인들은 못마땅한 시선으로 보며 신을 모독하는 일이라고 떠들어댄다. 참 어처구니 없는 일이 아닐 수 없다. 각 종교 지침을 읽어 보면 "네 부모를 공경하라"는 구절이 꼭 들어가 있다. 부모에 대한 공경을 사후에는 못하게 하는 건 뭔가 커다란 모순이 아닌가.

수필

모차르트 250년 만의 서울 나들이

김　원　중

불과 35년의 짧은 生을 살다 간 천재음악가 볼프강 아마데우스 모차르트(1756. 1. 27~1791. 12. 5) 덕택에 오스트리아의 비엔나와 잘츠부르크는 전 세계의 많은 음악 애호가들로부터 더없는 사랑과 관광수입을 듬뿍 받고 있다. 작년 10월 모차르트 탄생 250주년 기념 클래식음악 여행을 다녀온 감격이 채 가시지도 않았는데 2007. 6. 21~9.15 세종문화회관 미술관에서 〈모차르트 특별展〉이 있다기에 그냥 넘어갈 수 없었다. 이 전시회는 모차르트 탄생 250주년 기념행사로 기획되어 그의 고향 잘츠부르크 박물관에서 일 년간 개최되었던 특별전시회를 그대로 서울로 옮겨온 뜻깊은 행사이다.

그동안 우리는 음반, 책, 연주회나 여행을 통하여 모차르트의 작품을 접할 수 있었는데 이제 그의 625曲에 달하는 엄청난 음악과 가족사, 열정과 사랑, 기호와 취미생활에 이르기까지 모차르트의 모든 것을 서울 한복판에서 만날 수 있다는 것은 참으로 행운이라 아니할 수

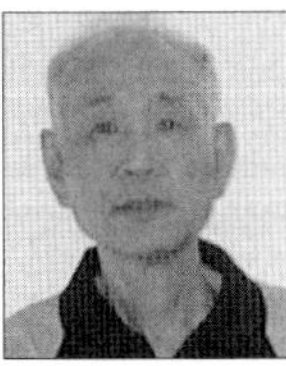

김원중

- 2007년 문예사조 수필 등단
- 청계문학회 자문위원
- 한국신문학인협회 이사
- 자유기고가
- 한국외국어대 교육대학원 수료

없겠다.

전시실은 크게 첫 번째 홀, 두 번째 홀, 그리고 세 번째 홀로 구성되어 있는데, 첫 번째 홀에 들어서자마자 제일 먼저 눈에 들어오는 것은 모차르트가 출생한 다음 날인 1756년 1월 28일 잘츠부르크의 성베드로 성당에서 세례받았다는 세례명부와 겨우 다섯 살의 어린 나이에 처음으로 작곡했다는 미뉴에트 G장조의 친필악보와 만나게 된다. 이어서 두 번째 홀은 話題의 영화 '아마데우스'를 통해 모차르트와는 숙명의 라이벌 관계로 비친 이탈리아 출신의 안토니오 살리에리(1750~1825)와 바흐(1735~1782), 하이든(1732~1809) 등 당대의 지인들이 소개된다.

하늘이 내린 천재 모차르트와 천재가 되고 싶은 인간으로 표현된 살리에리는 사실은 베토벤, 슈베르트, 리스트의 스승으로 특히 베토벤은 3曲의 소나타를 바칠 만큼 존경받았다. 비엔나의 궁정악장이었던 살리에리는 약 40개의 오페라를 썼고 상당한 권세를 누렸으나 모차르트의 천재적인 음악성을 시기하여 몇 차례 오페라 공연을 방해하기까지 하는 과도함을 보였다.

순진한 성품의 모차르트는 오페라 '마술피리' 공연을 기점으로 하여 그를 용서한 것으로 편지에 나타나지만, 모차르트의 죽음 이후 전 유럽은 살리에리가 모차르트를 독살했다는 소문이 널리 퍼졌다. 이에 러시아 문호 푸시킨이 '모차르트와 살리에리'라는 詩를 썼고 이것이 오페라, 희곡, 영화 등으로 발전하게 된다. 독살에 대한 진실은 역사 속으로 사라졌으나 모차르트와 살리에리는 天才와 凡人의 상징으로 영원히 회자 될 것이다.

두 번째 홀에는 아름다운 부인과 두 아이도 인사한다. 모차르트는 첫사랑 알로이자에 베버와의 사랑이 실패로 끝나자 그의 나이 26세 때인 1782년 8월 24일 아버지의 반대를 무릅쓰고 그녀의 동생 콘스탄체 베버 (당시 19세)와 비엔나의 수테판 대성당에서 결혼했다. 모차르트에게 최고의 연인이었던 콘스탄체는 6명의 아이를 낳았는데 그 중 두 명만이 생존했으며 모차르트보다 50년을 더 살았다. 살아남은 두 아들 가운데 칼 토마스(1784~1858)는 밀라노에서 음악공부를 한 후 공무원이 되었고 프란츠 제이버 볼프강(1791~1844)은 음악공부를 한 뒤 프리랜서 아티스트로 살았다.

세 번째 홀은 가족 간 대화로 연출된 실루엣 애니메이션을 중심으로 모차르트의 집을 재현했다. 모차르트의 일생에 가족은 아주 중요했다. 특히, 아버지 레오폴드 모차르트는 음악가이자 선생님이며, 모차르트의 매니저이기도 했다. 그는 유년기의 두 자녀 볼프강과 난넬을 데리고 전 유럽을 여행했고, 그들이 만난 사람들과 나라들에 대해 많은 편지를 써서 고향 잘츠부르크로 보냈다. 공무원의 딸로 태어난 레오폴트 모차르트와 결혼한 안나 마리아 페르틀은 7명의 자녀를 낳았으나 모차르트와 누나 난넬만이 살아남았다. 모차르트의 누나 난넬은 33세에 결혼하였고 모차르트의 아내 콘스탄체를 탐탁지 않게 여겨 모차르트 부부와 마침내 결별한 것으로 알려져 있다.

모차르트는 종종 무도회장이나 개인 사교장에서 새벽까지 춤을 추었다. 춤은 사람들을 가깝게 만드는 사교의 한 방법이었다. 무도회 의상은 비단 숙녀들의 지루한 긴 드레스뿐 아니라 우아한 이브닝드레스에서 재치 있는 의상까지 다양했다. 특히, 접는 부채는 당시에는 독특한 장신구였다.

전시장에는 특히 모차르트가 살았던 그 당시(로코코 시대)의 의상을 입어보며 기념촬영도 할 수 있어서 재미있게 느껴졌다. 모차르트 일가의 취미 생활로는 매일 저녁 집이나 잘츠부르크의 게임 하우스에서 오락을 즐겼다. 도박이 아닌 오락용 올빼미 게임에서 도박게임까지 매일 일요일에서 친구들과 뵐츠라는 사격놀이도 했다.

모차르트는 전 생애의 3분의 1을 여행했는데 천재 소년 음악가로 유명해지자 그의 아버지는 모차르트를 위해 유럽 여행길에 나선다. 잘츠부르크를 떠나 뮌헨, 파리, 런던, 밀라노 등지에서 다양한 문화와 음악에 접하게 된다.

특히, 이탈리아에서는 신부이자 작곡가인 조반니 바스티타 마르티니로부터 음악적 영감과 교육도 받는다. 그는 외국어도 능통하여 이탈리아, 프랑스, 독일, 영국 등의 여러 나라 사람들과의 대화도 자연스럽게 나누었으며 장난스럽기까지 하였다. 반면 당대 최고의 음악가이자 오늘날 오스트리아 최고의 브랜드가 된 모차르트는 지독한 가난에 시달렸다.

몇 년에 걸친 어린 시절의 연주여행은 실제 수입원은 못 되었으며, 25살이 되어서야 피아노 연주로 225플로린(약 230만 원)을 받게 된다. 비엔나에서 활동했던 시절에는 그 당시 외과의사보다 수입이 많았으며 궁정실내악 작곡가로 연봉 800플로린 정도였다. 그러나 모차르트는 음악사상 최초의 자유직업음악인, 즉 프리랜서였다. 자유로운 창작 활동을 위해 안정된 궁정직을 버린 뒤에도 모차르트는 작품출연과 연주회 등으로 연봉 1,400플로린 정도의 생활을 누렸다.

오밀조밀하게 전시된 250여 점의 오리지널 전시물은 유품, 음악 요소, 미술품, 영상물 등이다. 고용주인 잘츠부르크 대주교 앞에서 즉석연주를 했던 피아노에는 모차르트의 손때가 묻어있는 듯하다. 모차르트가 치던 피아노는 건반의 검은색과 흰색이 현대의 피아노와는 정반대이다.

모차르트 오페라 '피가로의 결혼'을 포함한 모차르트의 서명이 되어 있는 원본 악보, 모차르트 아버지 레오폴드와 가족들이 주고받은 모차르트의 친필서명이 있는 편지 등도 그의 생활상을 생생하게 보여주고 있다. 모차르트가 1784년 아버지에게 보낸 편지에서 그 자신이 만든 曲 가운데 生涯 最高의 걸작품이라고 쓴 K452 Eb 장조의 피아노, 클라리넷, 오보에, 호른, 바순을 위한 5중주곡을 웅장한 탄노이 스피커로 들을 수 있는 어슴푸레한 공간도 마련되어 있어서 나도 세 번이나 계속 감상했다. 이 곡의 일부는 귀에 익기는 하지만 그보다는 '플롯과 하프를 위한 협주곡 C장조 K299'가 더 마음에 드는 것 같았다. 또한, 세계 최초로 모차르트의 머리카락도 공개됐다.

이번 한국 전시회에는 특별히 모차르트가 발명한 작곡법을 과학적으로 응용해 만든 자동 작곡기를 설치했다. 모차르트는 176개 음절을 미리 만들어 어떤 조합에도 완벽한 형태의 미뉴에트나 트리오가 나오도록 했다. 관람객들은 누구나 모차르트와 같은 작곡가가 되어 세상에 단 하나뿐인 오직 나만의 곡을 만들어 볼 수 있다. 현장에서 피아노 연주를 직접 들어보고 악보를 간직할 수도 있었다. 생기발랄하고 천진난만했던 천재 중의 천재 모차르트! 그는 35살이라는 너무 짧은 나이에 세상을 떠났지만, 그는 기적과도 같은 재능으로 인간이 상상할 수 있는 모든 음악을 창조해냈다. 음악가를 하인 취급했던 시대를 살았지만, 그는 자유인이었다. 그를 자유롭게 한 것은 바로 음악 그 자체였다. 20세기 최고의 과학자 아인슈타인이 말한 "나에게 죽음이란 더 이상 모차르트 음악을 듣지 못하는 것이다"를 吟味하면서……

수필

애증의 세월

김 필 례

어느 날부터인가 살림살이며 집안에 쌓여 있는 것을 버리는 횟수가 많아졌다. 주변 정리의 수순으로 볼 수도 있겠으나 일년에 두어 번 쓰는 물건에 굳이 미련을 둘 필요가 없다는 생각에서다. 새것을 필요에 따라 들여 놓은데다 오래 쓴 살림살이도 내 나이만큼 나이가 들어 꼬질꼬질하고 낡아빠진 것들이 많아진 탓이다. 살림이 기하급수적으로 늘어난 것도 한 원인이기도 하다. 요즈음처럼 하루가 다르게 쏟아져 나오는 신제품 일명 신상들이 산을 이루며 그것이 경제를 살리는 거대한 몫이라는 명분 아래 소비하는 것이 미덕이 된 시대이기도 하다.

기술 계발과 생활에서 편리를 강조하는 아이디어 상품들은 상상을 뛰어 넘는 것들이 너무도 많다. 그러한 모든 생활 용품을 다 써보지도 못한 것에 일종의 피해의식을 갖게 되는 때도 있다. 새로운 것에 익숙하지도 않고, 불편을 감수하면서 쓰던 것만 고집하는 우리 세대는 아무리 알려줘도 익히기가 어렵고 알았다 해도 금방 잊어버리기 십상이다. 전에 낫 놓고 기역자도 모르냐고 핀잔을 주었지만 지금은 컴퓨터

김필례

• 예술가회 회원

는 알아도 인터넷을 모르는 것과 같은 것이다. 농경사회에서는 필수 농기구인 낫은 알아도 기역자를 모르듯, 현대는 컴퓨터라는 물건은 알아도 그 사용법이나 활용을 모르는 것과 같은 것이다. 열려 있는 도구가 무엇에 쓰는 용도인지도 모르며 주물거리다 쉽게 해결 할 수 있는 것도 결국 어렵게 시간과 힘을 들이며 하게 된다. 새로운 것을 접하려면 그만큼의 용량이 따라야 하는데 어느 이상의 한계에 항상 멈추고 마는 세월이 아쉽기도 하다.

그래서 이제 바꾸어 보면서 버리고 또 다른 것을 채우는 연습을 해가고는 있지만, 과감하게 버리고 싶어도 못버리는 무슨 애증의 관계가 그리도 큰지 모르겠다. 고작 버리는 것이 있다면 색깔이 바랜 플라스틱 그릇이나, 작아서 입을 수 없는 옷들 정도다. 손때 묻어 온 정이 아쉬워 차마 못 버리는 이유이기도 하고 버리는 것이 악덕이었던 세월을 살았던 탓도 크다.

그래도 많이 버렸다고 생각하는데도 살림살이는 그대로인 것 같다. 이사라도 여러 번 다니면 많이 버렸을테지만 한 곳에서만 살았던 것 때문일까. 그 자리에 그 물건이 없으면 큰 일 날 것처럼 버리지 못하는 심정이 크다. 그 중에도 가장 비중을 크게 갖고 있는 버리지 못하는 물건이 있다.

30여 년 전 시집 오면서 해왔던 양은솥단지와, 솜이불, 세숫대야다. 솜이불은 젊어서는 무겁고 홑청을 벗겨 빨아 풀을 먹여 일일이 다듬어 손으로 꿰매야 하는 번거로움 때문에 그렇게 많이 사용하지 않았다. 그냥 버릴까도 생각했다가 당시에도 별로 없었던 솜틀집에서 솜을 타서 이불과 요를 한 채씩 만들어 놓고 꺼내 덮어보니 그렇게 좋을 수가 없다. 버리지 않길 정말 다행이다 싶다. 세숫대야는 빨래를 30년이나 삶아왔는데도 스텐이어서 아직도 족히 쓴 만큼은 더 쓸 수 있을 것이 확실하다. 그러나 양은 솥단지는 많이 낡았다. 두께가 반으로 줄어들기도 했지만 허리 부분이 뒤뚱거린다. 다행히 구멍이 나지 않아 지금까지 나물을 삶기에 이것만 한 것이 없고, 금방 손쉽게 요리하는데는 제격이여서 버릴 수가 없다. 한편으로는 나를 닮은 것 같아 안쓰러워서 못 버린다. 허리를 곧추세우지 못하고 삐걱대는 무릎이며 관절이 마구 쓰여진 내 몸뚱아리도 양은솥처럼 뒤틀린 모습이다.

'버릴 것만 남았다' 하던 박경리 선생님의 말씀이 귓전에 맴돈다. 내 몸도 그렇게 끝내는 버려져야 할텐데 뭐 그리 물건에 미련이 있어 온통 쓰레기인 그것들을 끌어안고 있나 싶다가도, 사는 동안에 서로 엉키고 부딪치며 서로를 나누고 필요로 하여 살아온 것에 대한 끈적한 그 무엇이었던 것 같다.

그래서일까, 아직 버리지 못한 양은솥단지를 꺼내 쓸 때마다 나를 보는 듯 애처로움을 느끼면서 나와 함께 30여 년을 함께 하며 멀쩡하게 지금도 지탱하는 것에 새삼 고맙기도 하다. 솥단지가 결국 못쓰게 되는 때가 되면 나와 함께 애증의 세월을 보낸 양은솥단지에 조문을 써보아야겠다고 생각해 본다.

수필

철도여행

장 상 우

오랜만에 고향길에 올랐다. 내 고향은 예천, 읍내에서 서남쪽으로 한적한 시골 길 이십 리를 좋게 가야 한다. 나는 여행을 할 때면 주로 기차를 이용한다. 버스는 멀미가 심해서다. 청량리에서 영주, 영주에서 다시 기차를 탔다. 창밖에 비치는 정겨운 시골 풍치에 어릴 적 추억이 주마등처럼 스쳐 갔다.

그중에서도, 여섯 살 위의 형과 처음 기차를 탔던 기억이 새삼 떠올랐다. 안동에서 예천, 김천을 잇는 경북선. 기적을 울리고 수증기를 품어내며 그 육중한 쇳덩어리가 움직이는 것은 참 신기했다. 굴을 빠져나오고 산모퉁이나 건널목을 지날 때 울리던 기적 소리는 참 신비스럽기도 했다. 버스는 십 리만 타도 멀미를 해서 견딜 수가 없는데 기차는 아무리 많이 타도 괜찮다. 그때 경험한 좋은 감정 때문이 아닐

상상우

- 호는 설송
- 『문학세계』 수필 등단, 『한맥문학』 시 등단
- 한국문인협회, 한맥문학동인회, 세계문인협회, 과천문인협회 동인, 청계문학회 후원회장
- 고등학교 교장 역임, (사)겨레사랑복지회 부회장 역임
- 국민훈장 목련장, 교육부장관 표창, 해병대사령관 표창
- 저서: 『칼럼니스트의 낙서』, 『세월을 낚은 실버컬럼』, 『순례의 길에 머문 메아리』

까 하는 생각이 들기도 한다. 그것이 벌써 70여 년 전이니, 그 시절 산골에 살던 일곱 살짜리 어린아이가 기차를 보는 것만으로도 감동(感動)인데, 직접 타본 감정은 어찌 말로 다 표현할 수 있으랴! 친구들에게 두고두고 자랑거리였다.

우리가 삼사십 년 전으로 거슬러 올라가면 통일호, 비둘기호, 완행열차가 기억된다. 검은 연기를 내뿜으며 기적을 울리고 달리던 기차, 객차 안에는 앉을 자리가 없어 통로에 앉기도 하고, 두 사람이 앉을 의자에 서너 사람씩 앉으면서도 세상 사는 이야기에 가진 것을 나누어 먹던 정겨운 추억이 있다. 좁은 통로를 비집고 지나가며

"자- 오징어가 왔습니다. 사이다가 있어요. 호두과자요. 땅콩, 캐러멜, 계란이 지나갑니다."라며 구수한 목소리를 깔던 홍익판매원도 잊을 수 없다. 집에 돌아오면 콧구멍에 새까만 딱지가 생기고 옷은 빨아야만 했지만, 기차를 타고 여행을 했다는 것으로 피로를 잊고 둘러앉아 이야기를 나누던 낭만이, 지금은 아득한 옛날이야기가 되었다. 명절 때면 귀성열차는 톱뉴스였고, 6.25 한국전쟁 때 마지막 남행 열차는 우리 민족의 아픈 역사의 증거이기도 하다.

며칠 전, 동양에서 철도를 제일 먼저 놓았다는 인도의 열차운행 실태를 담은 몇 장의 사진을 보았다. 평상시 삼등칸을 타면 내릴 수도 없을 정도이고, 기차 위에, 차창에, 어디든 손이 닿을 수 있고 몸을 붙일 수 있는 곳이면, 파리 떼처럼 달라붙어 곡예를 방불케 했다. 격세지감(隔世之感)을 느끼지 않을 수 없었다.

우리나라 철도가 처음 놓여진 곳은 노량진과 인천 제물포 사이의 경인선으로, 그 역사는 110여 년(1899년)이다. 석탄을 태워서 움직이는 증기기관차로, 최고 시속은 55㎞이나 실제 평균 운행속도는 20㎞ 정도의 거북이였다나. 80리 길에 1시간 반 정도나 걸렸으니 속도는

짐작이 간다. 거기에 목재로 만든 객차 삼량을 달아서 앞쪽 일등칸은 외국인, 이등칸은 남자, 삼등칸은 여자로 구분하여 승차했으며 요금(요금이 1등칸은 1원 50전, 2등칸은 80전, 3등칸은 40전)은 차등이었다. 그 시절에 기차를 타는 것도 신분사회의 한 면을 보여 준 것이 아닌가하는 생각이 든다.

지금 철도의 총연장 길이가 3.200㎞가 넘고 연간 승차 인원이 1억 1천만 명에 이른다고 한다. 괄목할 한국철도의 발전은 세계 시장에도 당당하게 뛰어들고, 1만㎞가 넘는 부산에서 모스코바까지 대륙횡단철도건설에 대한 밑그림도 그리고 있으니, 놀라운 발전이 아닐 수 없다. 우리나라 철도는 그간 동맥으로서 제 몫을 충실히 해왔다. 그러니 매년 1조 원의 적자가 누적되어 가고 있는 것은 안타까운 일이 아닐 수 없다.

월여 전에 모임이 있어 부산을 다녀왔는데, 시속 300㎞ 정도로 달린다는 KTX(고속철도)를 처음으로 이용해보는 기분은 전과는 전혀 달랐다. 서울에서 부산까지 두 시간 오십 분 정도, 어찌나 빠른지 차내를 두리번거리고, 신문을 몇 장 뒤적이는데 벌써 부산에 도착이었다. 게다가 깨끗하고, 편안하고, 아늑하고, 조용하며 운임도 경로(敬老)라서 30% 할인을 받으니 새마을호보다도 저렴했다. 부산에서 6시간 일을 보고 귀가하니 밤 10시, 전국이 1일 생활권이라는 말이 실감났다. 요즘은 스피드시대라, 시간을 금처럼 귀하게 쓰는 사람들에게는 안성맞춤이라는 생각이다.

철도여행이 과거는 불편해도 낭만적이었으나 지금은 실리에, 편리함이 특징이 아닐까? 우리는 철도와 함께 좋은 시대에 살았고, 좋은 시대를 살아가고 있다. 모처럼의 철도여행이 또 하나의 추억을 만들어 주었다.

소중한 하루

조　혜　자

아침에 눈을 뜬다. 새날의 시작되는 순간을 느낀다.

오늘 하루를 위하여 열심히 살겠다는 다짐이 나의 최대의 목표이지만 시간이 흐르다 보면 "오늘 못하면 내일하지 뭐." 하고 미루는 버릇으로 살아온 날들이었다.

어느 날 뜻하지 않은 딸의 전화를 받았다. 울먹이면서 자기 시동생의 갑작스런 죽음을 알리는 전화였다. 아직 결혼도 하지 않은 35세의 청년이 어떻게 그럴 수 있는지 내 귀를 의심해서 몇 번이고 확인했지만 새벽에 헬스장에서 쓰러져서 119를 불러 병원에 갔지만 이미 늦었단다. 너무 어이가 없어서 꿈이 아닌가를 의심할 정도로 믿기지 않는 기막힌 현실이다. 평소 건강하고 잘 생기고 중학교 음악선생으로 부모의 기대와 사랑을 온몸에 담고 있던 한 청년의 죽음을 어떻게 받아들이란 말인가?

나는 멍멍해져 뭐가 뭔지 한동안 정신이 몽롱할 지경이었다. 내가

조혜자

- 충주 사범학교 졸업, 초등학교 교사로 32년간 재직
- 문예운동 수필로 등단 • 청하문학회 회원, 청계문학회 후원회장
- 산문집: 『광야의 40년』, 『10년고 하루』
- 수필: 『값진 행복』, 『눈 내리는 그날밤』
- 소설집: 『어둠의 저편』

이러하니 부모의 마음은 어떠할까? 생각하니 더 기가 막혔다. 죽음의 원인은 심장마비란다. 상가에서 부모님과 형제들의 오열하는 모습은 차마 볼 수가 없었다. 가슴이 미어지는 아픔이 온몸으로 전해져 같이 울고 함께 슬픔에 빠지지 않을 수 없었다. 며칠을 그렇게 마음을 가라앉히기가 힘들었다.

이 세상에서 가장 어려운 것이 사랑하는 사람과의 이별이라 했다. 사랑하는 사람을 떠나보내야 하는 마음이 얼마나 아픈가? 특히 자식을 떠나 보내는 부모의 마음은 무엇과도 비교할 수 없는 것이다.

우리는 이러한 갑작스러운 죽음을 가끔 본다. 며칠 전에는 회원 한 분이 당뇨로 인해서인지 잠자다 대동맥이 터져 갑자기 돌아가시어 상가에 다녀왔고, 오늘도 50대의 젊은 자매님의 부고를 받았다. 우울증이 부른 사고였는지 지하철역에서 뛰어내렸다 한다. 아무도 본 사람이 없다니 더 답답할 것이다. 남겨진 가족들이 오열 할 때 죽은 자의 영혼은 관에 누운 육신을 이탈하여 자신의 모습을 내려다 본다는데 과연 그러할까? 그러나 처절한 모습으로 남겨진 남편의 쓸쓸한 모습을 보면서 내가 죽으면 내 남편도 저러할 것이라 생각하니 부부가 함께 오래 살아 있는 것이 축복인 것이다.

이렇게 갑자기 죽을 수도 있구나 생각하면 오늘 살아 있다는 것이 그렇게 대견하고 소중할 수가 없다. 창문을 열고 상큼하게 들어오는 바람과 나뭇가지 위에 앉아 지저귀는 새소리도 정겹고 따르르 울리는 전화소리 전선을 따라 들려오는 손자 놈의 목소리도 사랑스럽다.

"할머니, 생일 선물 뭐 해주실래요?"

"너는 뭐가 갖고 싶은데?"

"글쎄요. 생각해 보겠어요."

"그러렴."

자연의 위대함이나 사랑하는 가족들과의 대화는 내가 살아있다는 기쁨으로 다가온다. 봄이 오는가 보다. 나무들이 파랗게 물이 오르고 따스한 햇살이 온 대지를 따뜻이 녹이면서 평화로운 봄은 어김없이 오고 있다. 만물이 다시 소생하면서 모두가 바빠질 것이다. 농부가 되어 나도 다시 밭으로 나가 씨앗 뿌릴 준비를 해야겠다.

오늘이란 어제 내가 기다린 내일이 온 것이다. 새날의 아침은 싱그럽고 풋풋하다. 오늘을 맞으며 새로운 기대와 희망으로 부풀어 아침을 맞고 심호흡을 하며 맑은 공기를 마시고 기지개를 켠다. 오늘은 어떤 일들이 나를 맞을까? 무엇이 전개될까? 무슨 일을 할까? 약속된 일과 해야 할 일은 무엇인가?

먹고 살기 위해 돈을 벌기 위해 땀 흘려 일하고, 무엇이든 배우기 위해서, 즐기기 위해서, 취미생활을 위해서 책을 읽고 음악을 듣고 운동을 하고 춤을 추고 글을 쓰고 나름대로 모두들 열심히 살아간다.

빗방울이 모여 내를 이루고 냇물이 모여 강을 이루듯이 하루하루가 모여 한 달이 되고 다시 1년이 되고 그렇게 세월이 흘러 인생 끝자락에 있으니 아직 살날이 많다고 생각한 날들은 점점 좁혀져서 인제는 한 치의 앞도 안보이듯이 어느 날 갑자기 갈 수도 있겠구나 생각하니 왜 모든 게 다르게 보이는 것인가?

겨울이 가고 봄이 오는 것도 모든 게 아쉽기만 하다. 다시 겨울을 맞을 수 있을까? 설마 그렇게 쉽게 불러 가시지는 않을 것 같은 안일한 생각에 빠진다. 언제 불려 갈지 알 수는 없으나 오늘 내가 살아 있다는 것에 그냥 감사하며 살아가련다.

오늘이란 나에게 주어진 하느님의 선물이다. 오늘 하루 이 순간이 지나가면 영원히 다시 오지 않을 귀중한 시간이다. 이 날을 멋진 하루를 만들기 위해 최선을 다하리라. 지나간 어제도 이미 흘러간 날들이니 필요없다. 아직 다가오지도 않은 내일 때문에 불안에 떨지도 말고 지금 주어진 오늘에 최선을 다하는 삶을 살아가면 되는 것 아닌가?

『폰더 씨의 위대한 하루』에서 보면 나는 오늘 행복한 사람을 선택하겠다. 아침잠에서 깨어, 나는 7초 동안 마음껏 웃겠다. 이렇게 잠시 웃으면 흥분이 내 혈관 속으로 흘러 들어오기 시작한다. 나는 달라진 느낌이 든다. 나는 흥분된 마음으로 하루를 맞이한다. 나는 만나는 사람마다 웃으며 맞이하겠다. 웃음은 내가 가지고 있는 가장 강력한 무기다. 나의 미소는 강력한 유대관계를 맺고, 서먹한 얼음을 깨뜨리고 폭풍우를 잠재우는 힘을 갖고 있다. 웃음은 열광의 표현이다. 나는 열광이 세상을 움직이는 연료라는 것을 안다. '이 세상은 열광적인 사람들이 이끌어 간다.' 라고 했듯이 오늘을 충실히 살기 위해 남에게 친절과 사랑을 베풀면서 맑고 밝은 표정으로 웃음으로 대하면서 즐겁게 하루를 시작하면 모든 일이 저절로 잘 풀릴 것이고 다른 사람을 즐겁게 대할 것이다.

무엇인지 보람된 일을 찾아야 하는데 남을 위한 일이면 더욱 좋고 선한 행동을 위해서 기쁘고 감사하는 마음으로 지혜롭게 행동함으로써 모든 유혹에 넘어가지 않고 순간순간의 위기를 잘 견디어내기 위해 기도하는 마음으로 산다면 우리 마음 안에 도사리고 있는 악의 장난에 빠지지 않고, 사소한 말다툼이라도 하지 않도록 조심하면서 인생을 살기 위해 가족들과 이웃들과도 친절하게 서로 소통하며 기쁜 날들을 만들면서 즐겁게 살기 위해 노력하는 것이 어려운 일인가? 그동안 내가 꿈꾸면서 실현하지 못한 일들은 무엇인지 찾아 실천하는 것도 중요하다.

하루하루 살아가는 것이 힘들다고 투정하면서도 나를 걱정하고 있는 가족들과 나를 사랑해 주는 사람들이 있어 웃음으로 맞이할 수 있으니 오늘 하루가 소중하고 행복하다. 밤하늘에 반짝이는 별들처럼 아기자기하게 오순도순 사랑을 나누며 빛을 나눠주는 아름다움을 노래하는 마음으로 한 생애를 살아간다면 후회 없는 인생이 되지 않을까?

가을과 단풍

박 종 수

지루했던 폭염이 지나니
춥지도 덥지도 않은
시원한 바람이 달궈진 귓전을 스친다

한들거리는 길가의 코스모스와
허공을 날으는 고추잠자리가 더러는
짝지어 유희하는 광경이 평화롭다

들에는 오곡이 무르익고
과원의 배와 사과는 끝물임이다
익어가는 오색단풍의 아름다운 풍경이
풍요로움을 노래한다

머지않아 늦가을 바람에
단풍이 지노라면
새봄에 다시 태어날 것이나

왠지 오늘, 뚝뚝 떨어지는 그 모습은
황혼을 보는 듯 애석하다.

가을은 풍요와 함께 외로움도 주는구나
아! 계절의 흐름을 어찌 탓하랴.

아카시아

박 종 수

봄이 중반에 접어드니
정발산 자락에 군락 이룬 아카시아
잎이 먼저 피어나면서
활짝 핀 꽃송이 다발이 쏟아질 듯 주렁주렁

하늘하늘 나부끼며
그루 턱 멀리까지 자우룩하게 향기를 품어내니
취하는 듯 발걸음이 붙들여 숨결이 가파르다

숲은 어느새 짙푸러지면서
일찍 핀 꽃을 밀어내니
바닥에 떨어져 눈밭이 되었구나!

길었던 겨울 동안의 인내를 생각하면
꽃들의 황홀한 개화는 그지없이 짧으니
너무 속절없고 애달프다
청춘의 밝은 미모. 사랑의 기쁨도 그러함일까?

미련 없이 지는 꽃은 삶의 끝이 아니라
잎과 가지와 뿌리의 더 큰 성장을 위해
다시 태어날 수 있으나
얼굴의 주름살은 돌이킬 수 없음을 어찌하랴!

목련화

박 종 수

뜰 옆에 우뚝 선 목련이
겨우내 움츠렸던 잠에서
봄의 전령사로 기지개를 켜

벌거벗은 몸에서
꽃망울이 사르르 눈빛 보내다
순백으로 베푸는 사랑
뭉게구름으로 만발하니

눈이 부시도록 환한 미소
순결함이 풍겨나는
고귀한 자태

아. 아름다움이여!

너의 이 모습을
오래도록 지키고 싶으나
만류하지 못하니
며칠이면 나의 곁을 떠나겠구나!

연륜이 주는 삶의 통찰과 직관

2012년 『청계문학』지 2호에, 시 신인상 심사 결과 박종수 님의 〈가을과 단풍〉 외 2편을 통해 노익장을 추천하게 되었다. 현대시는 우리가 살고 있는 오늘의 삶이 마땅히 현대에 맞는 시대옷을 입고 표현되어야 함은 자명하다. 그러나 이 말의 진의는 반드시 현대하면 현대의 젊은 층을 말하는 것이 아니라 현대를 살아가는 모든 세대가 적응해야 할 과제라고 본다. 그러나 오랫동안의 습관적 사고나 삶의 방법이 변하기 쉽지 않는 것은 삶에서 많은 수련을 거친 천성이라도 어떤 상황에 부딪치면 그대로 노출되는 것과 다르지 않다고 생각된다.

따라서 이 글에서 현대시가 요구하는 시론이나 기법을 찾아내지는 못하였지만 그가 걸어온 인생에서 통찰된 철학과 지혜에서 쌓인 직관에 무게를 두게 되었다. 시란 인간 정서의 순화 및 함양, 삶의 지표 등 좋은 세상을 이끄는 소명의식이 전제되어야 한다는 것과 형식이 무시되어야 되는 건 아니지만 그보다 내용에서 감동을 맛보는 것이 중요하다고 늘 생각해왔기 때문이다. 박종수 님의 시 〈가을과 단풍〉에서 가을은 추수의 풍요를 가져오지만 동시에 이 모두를 내어주고 빈손이 되는 자연의 겸허와 외로움을 보았고, 〈아카시아〉에서 꽃이 만발할 때의 황홀은 이내 짙푸른 숲에 밀려나며 또 〈목련화〉에서는 지키고자 하는 아름다움이 이내 시드는 자연의 순리를 보면서 '生과 死가 不二(둘이 아님)을 꿰뚫는다. 늦게나마 자신의 뜻을 세운 용기에 격려를 보내면서, 한편 훌륭한 선배들이 이룬 현대시의 자취를 따라가는 노력을 게을리하지 말 것을 거듭 당부한다.

〈심사 위원 : 김현숙 · 장현경〉

당선 소감

문학에 대해 문외인이 시(詩) 쓰기를 공부한다는 것은 자신도 의아하리만큼 새로운 일이다.

공직에서 정년을 마친 후 이러저러한 과제로 많은 시간을 보냈으나 결코 후회하지는 않으며 좀 더 일찍 이 분야에 접했더라면! 하는 아쉬움을 느낀다.

인생 말년에 이른 자가 마치 어린애가 좋아하는 것을 보고 호기심으로 옆에서 기웃거리는 격이 아닌가! 자신이 동심으로 돌아간다 '겨우내 움츠렸던 목련이 뭉게구름처럼 만발하여 환한 미소를 줌'과 같이 좋은 시를 쓰고 싶으나 그리 못해도 여기에 몰입해 보는 것으로 흡족하다.

고명한 작가 선생님들의 지도와 동료들의 인간미 넘치는 훈훈함 가운데 보낼 수 있어 행운이라 생각하며 앞으로 건강 주시는 그분께 감사하며 기쁨으로 배우리라.

이번에 부족한 글을 심사하여 주신 심사 위원님들과 장현경 청계문학회 회장님께 깊은 감사를 드리며 연세대 문학박사 박찬일 교수님께도 감사의 말씀 전한다.

박종수 • 호는 토농(土農)
• 제9회 보통고시 합격
• 고등고시 예비고시 합격
• 국가공무원(35년) 정년(농림부 이사관)
• 모범공무원상, 녹조근정훈장, 홍조근정훈장 수상
• 연세대 평생교육원 시문학창작과정 수료
• 청계문학회 자문위원

<청계문학 2호> 시 신인상 당선

청첩장(請牒狀)

조 영 술

근 40년을 품고 살아와서인지
바람이 떨어내는 아쉬움으로 가슴 누르고
딸 같은 며느리의 시아비 됨이 위안이 될 줄이야

청첩문안을 작성 교정 인쇄해
봉투에 넣는 손길이 찡하고 가슴 떨림은
40년 전 외롭고 눈물 났던 영상이 되살아남일까

못 먹이고 못 입힌 지난날들은
아쉽고 안타깝고 어리석음으로 채워졌지만
욕심 없이 아낌없이 후회 없는 밑거름이 되어 줄게

산수(傘壽)까진 별문제 없이 살 수 있을 거야

철은 왜 늙어야 드는지

조 영 숙

왜 기다려주지 못했소
자랑할 것도 자랑할 수도 없는 것을
그땐 왜 그리했느냐고 물을 수도 없네

인생이 칠십이요 강건하면 팔십이라더니

그때의 무지함 억울함
지금은 웃으며 가볍게 넘길 일들이었는데
달려가듯 쫓아가듯 쉬 바삐 떠났나요

오늘은 계속 되도 오늘이 그 오늘은 아닐세

미물에서 지혜를 배우라

조 영 술

민들레꽃 노란 빛깔
제비꽃 보라빛깔의
보도블럭 틈 강인함
어느 누가 흉내내리

찌는 더위 북풍한설
매연 소음에 시달리며
먼질 먹고 자라도
고운 빛깔 짙은 향기는
민간에겐 묵시록이다

시 심사평 / 조영술

연륜이 주는 삶의 통찰과 직관

2012년 『청계문학』지 2호에, 시 신인상 심사결과 조영술 님의 〈미물에서 지혜를 배우라〉 외 2편을 통해 노익장을 추천하게 되었다. 현대시는 우리가 살고 있는 오늘의 삶이 마땅히 현대에 맞는 시대옷을 입고 표현되어야 함은 자명하다. 그러나 이 말의 진의는 반드시 현대하면 현대의 젊은 층을 말하는 것이 아니라 현대를 살아가는 모든 세대가 적응해야 할 과제라고 본다. 그러나 오랫동안의 습관적 사고나 삶의 방법이 변하기 쉽지 않는 것은 삶에서 많은 수련을 거친 천성이라도 어떤 상황에 부딪치면 그대로 노출되는 것과 다르지 않다고 생각된다.

따라서 이 글에서 현대시가 요구하는 시론이나 기법을 찾아내지는 못하였지만 그가 걸어온 인생에서 통찰된 철학과 지혜에서 쌓인 직관에 무게를 두게 되었다. 시란 인간 정서의 순화 및 함양, 삶의 지표 등 좋은 세상을 이끄는 소명의식이 전제되어야 한다는 것과 형식이 무시되어야 되는 건 아니지만 그보다 내용에서 감동을 맛보는 것이 중요하다고 늘 생각해 왔기 때문이다.

조영술 님 또한 시 〈청첩장〉에서 보여주듯이 '못 먹이고 못 입힌' 자식의 지난날들이 '밑거름'이 되어줄 거라고 믿으며 〈철은 왜 늙어야 드는지〉에서는 '오늘은 계속 되도 오늘이 그 오늘은 아닐세'와 같은 철학을 남긴다. 또 〈미물에서 지혜를 배우라〉에서는 보도블록 틈새에서 '매연과 소음에 시달리고/ 먼지를 먹고 자라는' 민들레나 제비꽃의 '고운 빛깔과 짙은 향기'를 알아보는 안목이 있다.

늦게나마 자신의 뜻을 세운 용기에 격려를 보내면서, 한편 훌륭한 선배들이 이룬 현대시의 자취를 따라가는 노력을 게을리하지 말 것을 거듭 당부한다.

〈심사 위원 : 김현숙 · 장현경〉

당선 소감

어렸을 적
글을 쓰는 것에 대한 두려움이
아직도 남아 있는데
겁 없이 어릿광대로 변신하여
방자함을 잊은 채
보고 느낀 순간을 가감 없이 쓴 것을
종심(從心)의 나이에
온갖 잡념 버리고 여생을 값 있게 보내는 것이
이 길이라는 뜻으로
당선의 영예를 주신 것으로 알고
추천해 주신 심사 위원님들께 감사드리며
더욱더 심혈을 기울여
선배님들의 발자국에 누가 되지 않도록
노력하겠습니다.
감사합니다.

조영술 • 청계문학회 자문위원

모성

임 상 빈

전쟁의 공포, 잿빛 포화

겨울이 유난히 추웠다
이고 지고 업고 무작정 남으로의 피난길
죽음보다 무서운 주린 배에 칼바람이 불었다

어떤 이는 산통을 참지 못해 인적이 드문 다리 밑에서
몸을 풀었으나,

아이를 위해 알몸의 모성이 눈을 감았다

행인의 도움으로 입양되었던 아이,
성년이 되어 냉기가 고스란히 배어 있는 그곳에 가 옷을
모두 벗어 어머니를 덮어주고,

땅을 치며 울었다.

꿈

임 상 빈

햇볕 따스한 개울가 버드나무 그늘 밑,
조그만 바위에 황혼(黃昏)들이 정담을 나눈다.

♂; 다음 세상에는 가파른 등산(登山)길에 손을 잡아줄 나무가 되고 싶네.
♀; 오가는 이의 더위를 식혀주는 동구(洞口)에, 한 그루 느티나무가 될래요.

-다시는 사람이 되려 하지 않겠는가?

지지고 볶고 헐뜯고 거짓말까지 하며 싸우는 세상,
신물 납니다.

세월의 이야기만
가만히 듣고, 보렵니다.

사막* 꾸미기

임 상 빈

하늘하늘 내려가는 실개천의 풀잎처럼 일생을 보이지 않는
힘에 밀려 왔다
이제라도 생의 의미를 찾으려 한다

60년대에는 자연과 인성이 잘 어우러진 길을 혼자서도
걸을 수 있었는데 너무나 달라진 환경,
오랫동안 접어두었던 탓일까 헛바퀴가 돈다.
자꾸만 돌리다 보면 앞으로 나갈 수 있겠다는 소망이다

이제 막장인 사막이다.
뭔가 이루고자 하는 간절함이
누리에 아침 햇살 퍼지듯 밀려오고 있음을 실감하며,

청개구리도 노래하는 그런 사막(四幕)을 만들렵니다.

* 유 · 소년기, 학업기, 생업기, 결실기

이미지라는 표현장치와 상상력이 그린 언어의 그림

- 임상빈의 시 「모성」 「꿈」 「사막 꾸미기」를 올리면서

연일 날씨는 찌고 정국도 숨막히고 답답하다. 이 같은 숨막히고 답답함을 풀어줄 청량제 같은 문학작품을 〈청계문학〉 제2호 신인작품 응모작에서 기대했는데 마침, 임상빈의 시 3편을 만나 기쁜 마음으로 당선작으로 올렸다.

시 「모성」을 읽으면 '빅토르 위고'의 "여자는 약하다. 그러나 어머니는 강하다"라는 모성(母性)에 대한 불멸의 명언에 버금가는 문장이 이 시 속에 있음을 발견했다. 바로 '아이를 위해 알몸의 모성이 눈을 감는다'라는 구절이다. 여기서 위대한 힘이 '알몸의 모성'으로 바뀐 것부터가 상상의 변용이 아닌가. 또 '전쟁의 공포, 잿빛 포화// 겨울이 ……'로 시작한 시는 한국전쟁 때의 겨울, 1 · 4후퇴 때 겨울의 전쟁터라는 배경을 극한 상황이라는 이미지로 모성의 도입 부분으로 표현했다. 우리는 이미지를 만들어 표현해 내는 임상빈의 시적 힘이 상상력이라는 사실을 알 수 있고 그 뿌리가 시적 역량이 풍부하다는 것을 재확인시켜 주는 점이라고 하겠다.

시 「꿈」에서는 우리가 흔히 말하는 '잠자는 동안의 현상'이 아니라 '마음속에 바람이나 이상'일 것이다. 또한 이 시에서 남녀, 즉 부부를 표현할 때 '♂♀'를 시에 활용함으로써 이미지를 만들었다. '가파른 등산길에 손을 잡아줄 나무가 되고 싶네' 하는 것은 남자다움을 표현한 것이고, '동구에 한 그루 느티나무가 될래요'에서는 느티나무는 그늘이 넓어 예로부터 여름이면 사람들이 더위를 피하는 장소로 애용했던 곳으로 자연을 이미지로 해서 사실의 세계를 보여주고 있다. 이와 같이 임상빈 시인은 그 자연에 상상력을 작용시켜 사실의 세계를 새롭게 즉, 낯설게 변용시키고 있다.

시 「사막(四幕) 꾸미기」에서는 시인 자신의 인생여정과 설계를 연극용어인 막(幕)이라는 이미지로 구별하고 있다. 막(幕)은 연극을 구성하는 배우, 무대, 관객, 희곡 이 4가지를 든다. 그래서 제목을 「사막 꾸미기」로 한 것에 신선감을 주고 있다.

임상빈의 세 편의 시가 보여주고 있는 그 이미지들은 '무엇인가?'를 보여줄 뿐 그 의미를 설명하지 않았고 독자의 몫으로 맡기고 있다.

앞으로도 이런 작품을 자주 접할 수 있는 기회가 있기를 바라며 줄인다.

〈심사 위원 : 윤해규 · 장현경 · 김경희〉

당선 소감

나는 60년대부터 나름대로 시를 쓰곤 하였다. 아집이 강한 편이어서 남의 글(시) 읽기를 멀리하는 경향이 다소 있었다. 남의 것이 나 고유의 시 세계에 영향을 미치면 모방 등의 영향을 받을 수 있기 때문이기도 하다. 그러다가 이런저런 이유로 그나마 중단하였다. 수많은 세월이 흘러서 다시 현대시 쓰기를 배워 보려 했으나 여의치 않았다.

원로시인의 말씀대로 현대시를 추구하는 몇몇 고집스러운 작가들 때문에 시가 너무나 난해하여 독자들이 점점 멀리하고 있는 현실이라 하였다. 시는 메시지와 감동을 통해 인간의 삶을 가치 있는 것으로 향상시키는데 기여해야 한다고 했다. 나도 거기에 동감하고 있는 부류에 속한다.

일례로 고차원의 수학을 풀 줄 몰라도 큰 불편 없이 사회생활을 하는 것과 마찬가지로, 시를 좋아하는 모두에게 즐겁고 유익한 시를 쓰고 싶다. 나를 성원해주신 『푸른 트럭』 문우님들과 교수님께 감사하고, 다시 시와 인연을 맺어 준 청계문학회 관계자와 미진한 글을 뽑아주신 심사 위원님들께 감사드린다.

이를 계기로 나의 인생 사막(人生 四幕)을 멋지게 꾸미라는 채찍으로 알고 더욱 노력하고자 한다.

임상빈
- 호는 관산
- 경북 예천 출생
- 성균관대학교 영문학과 졸업
- 농촌진흥청 전 수의과학연구소 관리과장
- 농촌진흥청 전 농업과학기술원 관리과장
- 성균관대학교 상임이사
- 푸른 트럭 회원
- 청계문학회 운영이사

<청계문학 2호> 시 신인상 당선

새벽을 여는 창

노 화 식

높은 산 맑은 물
조약돌 갈고 닦아
넓게 보는 하나 된 사랑
희망의 바다에 문을 두드릴 때

창문에 비치는 달빛 내 마음 설레고
문 흔드는 바람 소리
악보를 그리며 향기롭네

밝아오는 붉은 태양
구름 벗겨 빛을 주고
밤하늘 총총하던 별도
나눔의 빛을 주고 갑니다.

청춘

노 화 식

어제는
행복을 쫓던 자의 것이고
오늘은
용기를 행하는 자의 것
내일은
야망을 싣는 자의 것이다

삶을 다해
열심히 도전하는 것은
태양을 품은 청춘
사랑과 정으로
붉은 노을을 만드니
별처럼 수많은 사연
달빛에 수놓아 큰 꿈을 이루네.

사랑

노 화 식

영롱한 눈빛의 아름다움이
존경을 만들어 내고
존경은 그 능력을
믿어주고 인정하며
함께하는 사랑으로 다가와

달님도 내 곁에
별님도 내 곁에
행복한 꿈을 만들어 주네.

감성을 정화한 시적 표현

시는 추상적인 심상을 구체적 사물로 그려내는 문자의 표현이다. 그래서 보이지 않는 것들의 미美적 실체이다. 포착된 실상에 원관념을 이입하여 새롭게 만들어지는 감성을 형상화 시키는 것이다. 그 수사 기법은 다양하다.

에둘러 견인한 사물의 의미를 조명한 것으로 '새벽을 여는 창'에서는 원근적遠近的 안목으로 드로윙drawing하였다. 즉 산에서 창窓으로, 창에서 다시 하늘로 이동 시킨 점이 그렇다. 이 공간을 추상적 관념으로 채워놓은 신선한 산수도 한 폭의 시이다.

시 '청춘'으로는 어제 오늘 내일이라는 개념을 우주로 확장하며 연결한 무한한 가능성을 생동감 있게 표현했다.

'사랑'시 또한 그렇다. 시란 사실만을 직시하는 것이 아니다. '사랑'자체는 극히 추상적이기에 그냥 두면 아무런 동력動力이 되지 못한다. 그것을 씨앗으로 삼아 성장시키는 과정에서 존경이 생기고 또 이로 인해 능력을 가지게 한다. 믿어주고 인정하며 함께할 때 실체적인 사랑이 되어 위대감을 키우는 것이다. 점층적 기법이 좋다.

시의 원형이란 화자의 정신 속에는 있지만 그 전형은 없다. 대신 의미를 풍기는 사물이나 단어를 들어 동양화든 서양화든 한 폭 감성의 좋은 그림처럼 구체화시키면 되는 것이다. 이런 장점을 들어 노화식의 '새벽을 여는 창' '청춘' '사랑' 이 세 편을 추천하여 신인등단의 작품으로 삼는다. 머무르지 않는 정진을 진심으로 바란다.

〈심사 위원 : 이용대 · 장현경〉

당선 소감

배움이 끊기지 않아야 한다고 생각하며
들려오는 세상 소리 바람 소리를
좋은 생각으로 발굴하고
한 걸음의 시작이 움이 트고 꽃이 되어
두 손을 잡아주는 사랑으로
고운 말 한마디가 서로 따뜻한 인연 되어
긍적적인 발굴은 글의 모습으로
큰 뜻이 된다는 것을 믿으며
조그만 저의 글을 선정해 주신
심사 위원님께 감사 말씀을 올리며
더 잘하라는 뜻으로 알고
열정으로 보답하겠습니다.

노화식 • 강서문인협회 회원
• 청계문학회 회원
• 자영업

어머니 마음

윤 덕 진

매봉재 지나 이십여 리 길
보리쌀 한 말 계란 한 꾸러미
머리엔 이고 손에 들고
외줄기 강물 따라가는 오솔길
읍내장 보이는 강나루엔
힘줄 솟은 뱃사공의 콧노래 구성지고
뱃길 발자국엔 물고기 떼 숨어든다.
읍내 장터 아낙네들의 입씨름 한창
그렇게 팔라거니 안된다거니
보리쌀 판 돈으로 고등어 자반 한 손
계란 꾸러미에 아이스케이크, 눈깔사탕
제비 새끼 주둥이 같은 자식 생각에
돌아오시는 길 발 재촉 더하고
깡통 속 아이스케이크 다 녹아서
임 그린 조각배 되어 두둥실 떠다닌다.

꿈속의 고향

윤 덕 진

아궁이 장작불 이글이글 타오를 때면
시루떡 가마솥 눈물 소리 없이 흐른다.
장독대 터줏터에 고사떡 한 접시 물 한 사발
가화만사 무병장수 비시는 어머니
이웃집 울타리 구멍으로 떡 한 접시 보내고
건넛마을 범말, 샛골 안터에도 두루 돌린다.
나누어 먹는 즐거움 이보다 더하랴
집으로 오는 길 기쁨이 두 배
아랫목 구들장이 너무 뜨거워
엉덩이와 발바닥 옮겨 가면서
창호지 문틈으로 밖을 내다보니
오늘도 함박눈 하염없이 내린다.

두물머리

윤 덕 진

두 물이 합쳐 한물이 되고
한물이 갈라 양수가 된 고장
도도한 물줄기는 기상이 드높고
수백 년 느티나무 역사가 숨 쉰다.
임 보낸 황포돛배 애절한 사연
그 누가 알리요 노을빛 사랑을……

운길산 종소리가 물고기 몰 때
세미원 연꽃잎은 나풀거린다.
안개 걷힌 남한강을 바라보면
한 폭의 수채화가 아른거리고
시샘하는 북한강은 나도 질세라
몸단장 분 바르고 길을 나선다.

구상어(具象語)로 정확한 표현으로 시를 구성

- 윤덕진은 표현과 설명의 차이를 구별하는 시인

〈청계문학〉 제2호의 신인상 당선작에 윤덕진의 「어머니 마음」「꿈속의 고향」「두물머리」 등 세 편을 올렸다. 그의 시에서는 고향에 대한 향수가 가득 차 있다. 시는 노래라고 할 수도 있다. 물질문명 사회가 하루가 다르게 진행되면서 풍요로움을 누리고 있지만 우리는 보이지 않는 무엇인가가 항상 채워지지 않는 허전함을 갖고 살고 있다. 그런 삶속에서 답답한 것을 풀고 아픈 가슴을 어루만져 풀어주고 뒤틀린 심성을 바로잡아 주는 것이 시라 할 수 있겠다.

윤덕진의 세 편의 시가 모든 사람의 마음을 달래줄 수는 없겠지만 옛날이 그립고 자신을 금지옥엽 정성껏 길러주신 부모님과 고향을 그리워하는 사람들에게는 추억을 아름답게 반추할 수 있으리라 생각된다.

또한, 시창작의 기본인 설명이 아닌 정확한 표현을 구사하려고 노력한 흔적이 뚜렷하다. 윤덕진은 추상어(抽象語)가 아니라 구상어(具象語), 즉 '형체를 갖춘 구체적인 사물을 나타내는 말'을 잘 표현하고 있다는 것이다. 그러니까 윤덕진 시인은 '표현'과 '설명'을 잘 구분하고 있다. 그 구분에 대하여 이해가 분명치 못하면 설명을 표현으로 착각하여 실패할 확률이 높으나 그런 오류에 접근하지 않으려고 노력한 흔적이 뚜렷하다.

그 예를 들면 시 「어머니 마음」에서 어머니의 마음이 어떻다고 설명하지 않고 '보리쌀 한 말 계란 한 꾸러미/ 머리엔 이고 손에 들고'라든지 「꿈속의 고향」에서 어머니가 보고 싶다는 설명 대신 '오늘도 함박눈 하염없이 내린다'는 표현으로 대신하고 있어 겨울이라는 단어가 어디에도 없어도 계절까지도 표현하고 있다. 다음은 시 「두물머리」에서 '연꽃잎은 나풀거린다', '몸단장 분 바르고 길을 나선다'에서 계절이 봄이라는 것을 정확히 표현한 구상어(具象語)인 것이다. 윤덕진의 시를 살펴보면서 미국의 시인 아취볼드 매클리시(Archibald Macleish)의 「작시법(作詩法)」이라는 시 끝부분 '슬픔의 모든 사연에는/ 빈 문간과 단풍나무 잎사귀를// 연애에는/ 기울어진 풀잎과 바다 위 두 개의 불빛을 - // 시는 의미할 것이 아니라/ 존재해야 한다.'를 떠올리게 한다.

앞으로 더욱더 좋은 표현의 시를 쓰기 바라면서 당선을 축하한다.

〈심사 위원 : 윤해규 · 장현경 · 신동명〉

당선 소감

어려서부터 나는 동요나 동시 그리고 그림 그리기를 좋아했다.

"푸른 하늘 은하수 하얀 쪽배엔 계수나무 한 나무 토끼 한 마리" 등은 즐겨 부르던 마음의 고향 노래다.

나는 계수나무가 달나라에 있는 전설 속의 나무로만 여겼는데, 얼마 전 중국여행으로 「계림」이란 도시에 가서야 비로소 계수나무가 많이 있다는 것을 알게 되었다.

나에게 있어 시(詩)란 계수나무 같은 존재, 가까이하기엔 너무 먼 당신이었다. 감히 내가 시를 쓴다는 것은 상상할 수조차 못했다.

그러던 중 인연 아니 필연이랄까? 화가 모임인 그림 사생회에서 청계문학회 회장님을 만나게 되었다.

그분의 안내로 청계문예대학에 입학하게 되었고 이를 계기로 시를 몇 편 올려 보았다. 아직은 알 속에 있는 병아리로 부화를 기다리는 심정이다. 곧 저 높은 창공을 나는 독수리가 되어 나만의 시어(詩語)들로 마음껏 날갯짓하고 싶다.

그날이 언제 오려나!

글을 뽑아주신 청계문학 관계자 여러분과 심사 위원님께 깊은 감사를 드립니다.

윤덕진 • 청계문학회 자문위원

<청계문학 2호> 시 신인상 당선

외로운 방랑자

이 인 자

일출의 눈부심에
신발 끈 동여매고
길을 나선다.
이제 또 어디로 떠날까?

내 손에 없는 그 무엇을 찾으려
심상의 계곡에서 계절 없이 밤낮도 없이
이토록 헤매는가

구름도 산도 강물도 내 안에서 흐르고.
나 또한 그와 같이 그렇게
유유히 흘러가네

흘러도 흘러도 돌아보면
그 자리인 것을……

똑 똑 똑

이 인 자

내 목소리 들리나요?
내가 그대 곁에 온 것을 느끼나요?

난 그대 곁에 가고 싶어서
차가운 얼음장 밑에서도 몸부림치는데

그대가 지금 춥다고 느끼는 것은
나를 외면하기 때문이에요.

그대가 나를 마음으로 받아 주면
연녹색 작은 미소로 화답할게요

그땐 아름다운 노래와
향기가 넘쳐 흐를 거에요

혹시

나를 잊으신 건 아니겠죠?
오늘이 내 생일이자 나요.

내가 올 때가 되었다구요.
내 이름은 봄 봄 봄.

그대 곁에

이 인 자

산 그늘 내려앉은
강가에 서서
잔잔히 흐르는 물결을
바라보고 있어도.

별빛이 쏟아지는 밤하늘을 바라보고 있어도.
그대 곁으로 가고만 싶어요.

그대여! 그래도
나를 부르며 빨리 오라 손짓하지는 마세요.
그대 곁에 다다르면 다시
돌아올 일만 남아 있잖아요.

그냥 거기 그 자리에서 기다려 줘요.
홀로 기다리는 그대 외로울까 봐
계절마다 색색으로 옷을 짓고
계절 따라 아름다운 노래 불러서
스쳐 가는 바람결에 실어 보내드려요

한 걸음 한 걸음 다가가다가
시간이 많이 흘러 내 몸이 쇠약해져
그대 곁에 갔을 때

마주 보는 눈빛 서로 흐려질지라도
그대 두 손 잡고선 그 자리에
내 영혼 편안히 쉬고 싶어요.

이인자 신인상 시 심사평

시는 시인의 고백이라고 말한다.

시인의 감수성을 어떤 형태로 표현 하느냐에 따라서 독자가 받아 주는 느낌이 달라지는 것이다.

응모한 작품 "그대 곁에", "외로운 방랑자", "똑똑똑" 3편 모두 현대적 감각이 스며들어 있고 토속적인 서정시다. 일상생활에 접하는 언어들을 묘하게 시어 선택하여 시적으로 표현을 잘하였다. 그리하여 이인자는 시를 가슴으로 품고 가슴으로 새기고 읊으면 미래의 큰 시인이 될 것으로 보고 천거하게 되었다.

현대의 자유시는 시어를 제약하지는 않지만 그래도 정형시처럼 언어의 내포 운율을 갖추는 것이 좋을 것이다.

이인자 시는 메마른 대지에 촉촉이 적시는 아침 이슬이고, 고픈 사랑을 달콤한 사랑되기 위한 단물이며, 목마를 때 한 모금 적시는 생수와 같다. 어제와 오늘 그리고 내일을 대화하는 시간의 공간이다. "그대 곁에"의 '별빛이 쏟아지는 밤하늘을 바라보고 있어도/ 그대 곁으로 가고만 싶어요.' 에서 보아도 적실이 나타내는 간절한 마음으로 바라는 그대를 부르고 싶고 가고도 싶은 마음을 독자들의 심금을 울릴 것이다. 고픈 사랑, 달콤한 사랑이 아침 이슬처럼 대화의 문으로 이끌어 들인 것이다. "외로운 방랑자"에서 '구름도 산도 강물도 내 안에서 흐르고' 에서도 일상생활에 접하는 언어를 시적으로 잘 구성되어 있는 부분이다. 인생의 어두운 세월을 마음 안에서 하얀 미소를 주고 싶은 애절한 심정이 돋보인다. "똑똑똑"의 '난 그대 곁에 가고 싶어서/ 차가운 얼음장 밑에서도 몸부림치는데' 에서 보아도 아시다시피 돌에 시를 쓰는 심정으로 장애물 있어도 대화의 광장으로 이끌어 내는 시적으로 표현한 것이 참으로 시어 선택을 잘하였다.

나날 시를 접하고 시와 함께 한다면 이인자의 시는 지구촌 메아리가 되어 독자들의 가슴에 새록새록 새겨질 것이다. 건필을 기원하며 기대해 본다.

〈심사 위원 : 서병진 · 장현경〉

당선 소감

이 기쁨을 어떻게 표현해야 할까요?
글은 얼굴에 화장하듯 치장을 하는 것이 아니라 순수 마음 그대로를 쓰면 얼굴은 서로 다르지만, 같은 마음으로 공감하지 않을까 생각합니다.

언제부터였을까!
십 리 고갯길을 걸어 학교에 다니며 눈 쌓인 오르막길에서 수없이 미끄러지고 여름 장마에는 다리 없는 냇가를 서로 손을 잡고 건너던 일, 나 어릴 적 고향산천이 한 권의 영상시집이었던 것 같습니다.

아내로 엄마로 일하는 주부로 삶의 무게에 눌려 잊고 살아오면서 간간이 낙서처럼 넋두리로 풀어놓은 글들을 눈여겨보시고 손을 잡아 이끌어 주신 정정채 시인님 고맙습니다.

저의 부족한 글을 선정해 주신 여러 심사 위원님과 반갑게 맞아주시고 힘을 주신 청계문학 장현경 회장님께 진심으로 감사의 말씀 드립니다.

시는 쓰는 것도 읽는 것도 아닌 마음의 느낌을 내려놓는 것이라고 생각합니다. 청계문학의 무궁한 발전을 기원합니다. 열심히 하겠습니다.

이인자
- 호는 운화
- 청계문학 운영이사
- 청계문학 카페 관리위원
- 동인지: 『내 마음의 숲』

별도 없는 밤

최 미 정

도심은 밤이 되어도
별을 볼 수 없다.

옛날에 그 많던 별들은
다 어디로 갔을까!

은하수
북두칠성 견우직녀

도심은
하늘의 별이 쏟아진 듯
땅이 별 천지가 되어 반짝인다.

별은
예전처럼 그 자리에 있건만
숨바꼭질하는 아이처럼
서로 찾아다니네!

별 1

최 미 정

밤마다 그리워도
만날 수 없는 그대를
겨울밤
몽산포에서 만났다.

진한 반가움에
바닷바람 맞으며
밤새
사랑 노래 불렀다.

동이 트면 떠나는
그대여!

예전처럼
늘 함께 할 수 있기를……

별 2

최 미 정

검정 비로드에 총총 박힌 보석들
닦지 않아도 빛나는 것은
깨끗하기 때문이지

찬란한 무대에서
떨어질 줄 모르고 시들 줄 모르기에
만인이 환호하지

사랑하지만 다가갈 수 없고
바라만 봐야 하는 건
나만의 짝사랑이지

오랜 세월 쳐다만 보고 지내도
삐침이 없는 건
바라만 봐도 행복하기 때문이지.

의지와 원망(願望)의 시공간(詩空間)

최미정의 시 "별2"와 다른 두 편의 시에서 보여주는 두드러진 특징은 내면지향성에 있다.

모든 서정시가 내면의식과 정서의 발로라는 점을 충분히 동의하면서도 이 시인의 경향성을 내면의식 또는 정신주의로 보는 이유는 시에 나타나는 특성이나 경향이 객관세계에 대한 외부지향이 아니라 내향성에 있다는 점이다.

그의 세 편의 시, "별2", "별1" "별도 없는 밤"은 모두 시인의 내면의지를 형상화 하고 있다. 외부세계의 객관적 사물인 별을 소재로 취하면서도 시에서 그려진 그 별은 시인의 의식 내면에서 많은 갈등과 깊은 사유의 여과과정을 거쳐 재생산(창조) 된 정서적 등가물(等價物)로써의 별인 것이다. 다른 말로 부연하자면 객관세계의 구체적 사물이나 우리들 삶의 현상을 직시하는 시선이 아니라 삶의 본질에 다가가려는 정신주의적 태도를 보여준다는 점이다.

최미정의 별은 도심의 밤하늘에서 볼 수 없는 마음속의 별이며, 밤마다 그리워도 만날 수 없는 그대라는 별이며, 사랑하지만 다가갈 수 없고 바라만 봐야 하는 나만의 짝사랑 같은 별인 것이다. 이러한 시인의 별에서 느껴지는 정서는 강한 의지와 신념과 원망(願望)이라 할 수 있다.

별에 관한 세 편의 연작 시편들에서 감지되는 이 시인의 강점은 시적 정열이다. 자기 나름의 시공간(詩空間)을 형성하여 자신의 시적 영토를 확보해 나가는 과정을 보는 듯 하여 시인으로서의 자질과 가능성을 담보해 준다고 보는 것이다.

시인 자신만이 가질 수 있는 독특한 개성과 특성을 잘 가꾸고 다듬어 자기만의 시세계를 더욱 탄탄하게 다져 나가길 바란다.

〈심사 위원 : 김성열 · 장현경〉

당선 소감

인간에게 유일하게 주어진, 신을 사모하는 마음을 주셔서 천연계를 통하여 하나님이 살아 계신 것과 우주를 주관하시는 하나님을 깨닫게 됨을 감사합니다.

그중에서도 어둠 속에서 빛나는 '별'들을 창조하신 하나님의 솜씨는 '하나님은 사랑'이심을 절로 실감합니다. 저에게 '별'은 하나님의 사랑이며 이제는 세상에 계시지 않는 어머니와의 특별한 추억입니다.

어머니!

별을 좋아하시는 어머니를 닮아 별이 좋아서 세 모녀 강화도 별 찾아간 지도 어제 같은데 어언 십 년이 돼갑니다. 별구경 하러 지방에 간 날 밤이면 저녁을 일찍 먹고 오지 않는 잠을 청하고, 한밤중 자명종 소리에 맞춰 어둠 밖으로 나가서 소녀같이 좋아했었지요. 어머니 살아생전에 최후로 본 강화도 밤하늘 별이란 북두칠성, 북극성, 오리온좌, 은하수 등 별이 쏟아질 듯이 가까이에서 빛나는 광경을 보며 참 오기를 잘했다. "아! 좋다."를 연발했었지요.

남다른 감수성을 지닌 어머니께서는 주옥같은 시를 여러 편 지으셨지만, 제게 '시'라는 것은 감수성으로만 탄생하는 것이 아니기에 '시를 어떻게 짓는담……' 하며 시를 지을 엄두도 못 내던 나이기에 용기를 내어 어렵게 도전했습니다. 청계문예대학의 장현경 선생님의 지도와 격려로 오늘에 이르게 됨을 감사드립니다.

모든 만물의 법칙이 싹은 어리게 태어나서 점차 아름다운 꽃을 피우고 열매를 맺듯이 아직은 어리디어린 새싹임을 감안하시어 어여삐 봐주시기를 바라며 꽃을 피우고 충실한 열매 맺히도록 지도편달 바랍니다.

최미정 • 청계문학회 운영이사
• 자연식과 건강식 강사

<청계문학 2호> 수필 신인상 당선

구룡사 가는 길

마　영　임

산에 들에 꽃이 피네~
꽃이 피네~

청계문학회에서는 임진년 4월 강원도 원주로 문학기행을 다녀왔다.

행사란, 미리 날짜를 정하여 그날을 기다렸다가 여행을 떠나거나 행사를 치르는데 늘 기상이 관심의 대상이 된다. 여행 전날에는 폭우가 내려서 다소 염려가 되었는데 당일에는 맑고 화창하여 상쾌한 하루를 보낼 수가 있었으니. 청계문학 선생님들의 애정 어린 눈길과 진솔하면서 따뜻한 인품들을 하늘까지 아시는가 보다.

이른 아침 일행은 중곡역을 출발하여 대공원 후문에서 기다리는 2진을 태우고 인원 점검 후 목적지로 향했다. 버스는 번잡한 서울 시내를 빠져나와 고속도로를 막힘없이 달려 강원도 지역에 들어서니 청정한 공기와 차창 밖의 은은한 햇살에 반짝이는 연초록 새싹들이 계곡마다 봄 향기를 진동시킨다.

구룡사 길목에 있는 옻칠기 공예관에서 기다리던 3진을 태우고 구부랑저부랑 치악산을 향해 고불고불 길을 얼마 가지 않아 주차장에 도착했다. 구룡사 매표소를 지나 계곡을 따라 들어가면 황장금표와 금솔길이 굽이굽이 펼쳐지는 구룡 탐방로가 나온다. 다양한 곤충서식지와 나무이야기를 보며 원통문(일주문)과 사리탑(사리를 모신 부도탑)을 지나 1㎞ 남짓한 숲길을 따라가면 구룡사가 반긴다. 구룡사 가는 길은 계곡도 아름답고 경사가 완만하여 산책을 즐기며 걷기에도 그만일 뿐만 아니라, 전날의 많은 비로 귀한 손님 맞이하기 위해 방금 세수를 끝낸 새색시의 뽀얀 얼굴처럼 상큼하다.

날씨는 기막히게 청명하고 솔 향기 가득한 숲길을 걷다 보니 구름 위를 지나는 기분이 들기도 했다. 삼삼오오 담소를 나누면서 걸어가는 회원들의 뒷모습을 보면서 금송을 부둥켜안고 사진도 찍고, 계곡 따라 흐르는 옥처럼 맑고 시원스런 물줄기가 바윗돌에 부딪히는 청아함에 귀 기울여 보는 등, 풍광에 취해 사천왕문에 도달하니 우측엔 3층 석탑이 있고 좌측엔 미륵보살이 자리 잡고 있다. 사천왕문을 들어서서 구도의 계단을 올라 문화재인 보광루 밑을 지나면 대웅전이 자리 잡고 있다. 소나무 숲으로 둘러싸인 절 내의 대부분 건물들은 강원도 문화재로 지정되어 있으며 오래된 절들은 그 기운만으로도 마음을 평안하게 해주는데 구룡사 역시 산사에서 들리는 풍경소리만으로도 청량함을 느끼며 마당에 자리 잡은 인자한 미륵불의 미소에 마음마저 푸근해진다.

구룡사 계곡은 깊고 평탄하면서 무성한 수림으로 덮여 있어 수량이 많고 맑은 계류가 사시사철 독특한 멋을 지닌다. 뛰어난 경관과 함께 아름다운 전설로, 거북바위 전설, 9마리 용과 의상대사의 이야기가 구룡사의 창건 내력을 전해주며, 어진 선비의 목숨을 구해준 은혜 갚은 까치의 전설에서 유래된 이름 치악산(1,288m)의 구룡사 계곡은 계곡 가득히 넘쳐흐르는 시원한 물줄기가 가슴속을 씻어 낸다.

민생고 해결을 위해 예약된 한정식 토속음식점으로 자리를 옮겨 그

곳의 명물 곤드레밥과 버섯전골, 좁쌀 동동주로, 투박한 전원 식당에 윤기가 흐르고 모두를 즐거움으로 안내했다. 딸과 함께 운영하는 식당 주인 할머니는 대부분의 식재료를 인근 치악산에서 채취하고 갈무리해서 사용하신다 한다. 사전 답사 때 미리 약속한 대로 우리 도착 이틀 전부터 손수 더덕이며 참나물, 돌나물 등 갖가지 산채들을 준비하시고 능이버섯, 싸리버섯 등 그곳에서만 맛볼 수 있는 먹거리로 마련된 상차림에 탄성을 자아냈다.

식사를 마친 후 청계문학회원이 관장하는 옻칠기 공예관 앞에서 단체 기념사진 촬영 후 그분이 안내하는 옻칠기 공예품을 관람했다. 원주는 옻나무 주생산지로 다른 지역의 옻에 비해 우수한 것으로 알려져 있고, 국내에서 가장 많이 생산되며, 옻칠기의 특징은 뛰어난 광택과 살균력이 강하고 인체에 무해하며 변형되지 않아 반영구적으로 사용할 수 있다고 한다. 생활에 필요한 옻칠기 쟁반, 그릇, 밥상, 주걱 등 물푸레나무로 다듬어 옻을 입힌 것이고, 특히 오랜 시간 여러 번 칠하여 검은빛으로 깊은 멋이 나는 수제 옻칠기 공예품의 화려함으로 공예관이 더욱 빛이 나고, 전통 칠에서부터 약용 기능성 식품까지 옻의 효능이 다양하게 활용되고 있다.

구룡사에서 30여 분 달려 도착한 무실동에 위치한 원주 한지테마공원은 한지의 고장 원주에서 빼놓을 수 없는 볼거리이다. 인류가 종이를 만들어 기록을 남기기 시작한 역사적 배경부터 한지가 만들어지는 전 과정을 보고 배울 수 있을 뿐 아니라. 한지를 직접 만들어 보고, 한지로 다양한 작품을 만드는 공예체험도 할 수 있다.

원주 한지박물관은 공원처럼 한적하게 조성되어 있었다. 한지라는 게 믿어지지 않을 만큼 튼튼해 보이는 다양한 종류의 가구와 조형물 등은 한지로 이렇게 무궁무진한 작품을 만들 수 있다는 것도 너무 신기하고 소장하고 싶을 만큼 아름다웠다.

이읏고 도착한 단구동의 박경리문학공원은 대하소설 '토지'의 산실이다. 박경리 선생이 머물며 토지 4, 5부를 집필했던 옛집과 손수 가꾸었던 마당의 텃밭, 선생의 문학에 대해 공부할 수 있는 박경리문학의 집, 공원을 찾아온 사람들이 들러 쉬어 갈 수 있는 북카페, 공원 외곽으로 만들어진 평사리 마당, 홍이동산, 용두레벌 등 온 가족이 추억 만들기에도 좋을 성 싶다.

마지막 일정인 토지 문화관은 원주시 외곽 정겨운 시골 풍경을 간직하고 있는 흥업면 매지리 회촌마을에 자리하고 있다.

토지 문화관은 박경리 선생이 단구동 집에서 옮겨 오면서 후배들의 창작을 위해 지은 공간으로 1층 오른쪽에 강당이 있고 왼쪽으로 들어서면 유품 전시실이 있다. 낡고 오래된 물건들(손수 옷을 지어 입던 재봉틀, 담뱃갑, 손때가 묻은 안경집, 만년필, 너덜너덜해진 국어사전 등)을 들여다보니 선생의 소박한 삶을 엿볼 수 있었다. 앞 건물과 이어져 있는 작가들을 위한 창작실은 박경리 선생의 평생 염원하던 일이었고, 다양한 분야의 작가들은 이 곳에 머물며 창작을 위한 활동을 한다고 한다.

어느 덧 해는 뉘엿뉘엿 산마루에 수줍게 걸려 있고, 알 듯 알 듯한 꽃향기와 시골냄새가 산들바람에 실려 코끝을 자극하는데, 우리 일행은 뒤로는 토지문화관 앞으로는 확 트인 초원을 배경으로 밭두렁 옆에 자리를 펴기 시작했다. 사각형의 푸른색 자리를 평평한 곳에 쫙 펴 깔고 빙 둘러 마주 앉아 아직도 김이 모락모락 오르는 콩이 드문드문 섞인 밥과 된장국 등 정성껏 준비한 맛깔스러운 반찬과 반주를 곁들여 덕담 건배와 함께 나누는 저녁식사는 그야말로 진수성찬이 아니겠는가. 또한, 누가 먼저랄 것도 없이 아리따운 여류 시인님들이 위생 장갑을 끼고 한 줄로 쭉 늘어서서 준비해 온 저녁 식사를 차려 내어 선생님들께 베푸는 아름다운 배려가 참으로 인상적이었다.

그렇게 그날의 일정을 모두 마치고 조금은 아쉬움을 남긴 채 서둘러 귀경길에 올랐다.

이번 여행을 통하여 많은 것을 배우고 느낄 수 있었다. 가는 길 오는 길에 버스에서 열정이 넘치는 원로 교수님의 문학강의에 영혼을 살찌우고, 가슴을 울리는 시낭송, 하모니카 연주를 들으며 추억을 더듬어 보기도 하고, 개인 장기자랑 등으로 즐겁고 유익한 시간을 보냈으며, 한국문학의 산실 박경리 문학공원이 있는 원주에 와서 선생의 발자취도 따라가 보고, 지성과 인성을 겸비한 청계문학회 선생님들의 겸손한 모습을 보면서 품격 있는 문학기행에 참여하게 된 것을 영광으로 생각한다.

신인상 심사평

이번 호 신인상응모 수필부문에 마영임의 수필 〈구룡사 가는 길〉을 당선작으로 선정한다.

마영임의 수필은 기행수필로 문학기행에서 보고 느낀 것을 차곡차곡 챙겨 정감 어린 필치로 써 낸 글이다. 기행수필은 체험한 시간과 장소가 순서있게 나열된다는 점이 특징이다. 이 글 역시 그 순서가 잘 지켜져 있어 일목요연하게 눈에 본 듯 그려볼 수가 있어 좋았다. 불과 하루동안 일어난 일(체험)을 이렇게 감동있게 표출해내는 글솜씨가 놀랍다. 표현력의 문장도 조리가 있고 논리가 있어 돋보였다. 더욱 글감의 소재를 개발해서 향기나는 수필을 써 주실 것을 부탁드린다. 당선을 축하드린다.

〈심사 위원: 도창회 · 장현경〉

당선 소감

임진년을 맞아 오랜 가뭄으로 유난히도 봄 여름이 길었던 시기에 나는 분명 또 하나의 행운을 맞이하게 되었다.

바로 시와 수필 등단이다. 작년에 이어 수필 등단을 하게 되었으니 이야말로 억세게 운 좋은 행운아가 아니겠는가? 아직은 부족한 창작력이지만, 어느 원로작가님의 글은 쓸수록 어렵고 심지어 무섭기까지 하다는 말씀을 가슴 깊이 새기면서 하나씩 갈고 닦아 여운을 남기고 살아 움직이는 생명력을 쓰고 싶다.

함께한 삶의 여정에서 항상 나에게 가능성을 제시해 주면서 용기를 주셨던 과묵하면서 사려 깊은 남편과 꿈을 이룰 수 있도록 사랑을 아끼지 않았던 청계문학 선생님들께 감사드리며 부족한 글을 뽑아주신 심사 위원님께 깊은 감사를 드립니다.

마영임 • 호는 청향(淸香)
• 청계문학 시부문 등단
• 홈패브릭 디자이너
• 청계문학회 총무이사
• 청계문학 카페 관리위원
• 동명회 회장

보리밭을 흔들며

유 성 복

겨울에 얼음 눈꽃 속에서 포근하게 이불 삼아 덮고 누워있던 세월도 엊그제 같습니다. 찬바람이 간드러지게 불던 봄바람을 등에 업고 파릇파릇 파란 하늘을 바라다보며 흙으로 봄 이불을 갈아엎고 누워있는 보리 잎사귀. 겨우내 땅을 두더지가 들썩들썩 파놓은 보리밭 사이를 두 발로 꾹꾹 밟아주면 파란 보리 잎사귀는 묵묵히 바라만 보네. 봄비가 밤새 부슬부슬 내리면 싱그러운 연둣빛을 내 뿜으며 하루가 다르게 키가 커지는 보리 잎사귀들 오월 초에 보리 이삭이 안개같이 하얀 알갱이 꽃을 피우며 보리 이삭이 하나둘씩 줄기 따라 매달려져 가는구나! 뜨거운 햇살에 보리밭이 물결치는 바람에도 쏴~ 쏴~ 파도소리처럼 보리밭을 흔드는 그 소리도 정겹구나!

보릿고개를 겪으시면서 고생만 하신 부모님 생각에 눈물 한번 훔쳐 봅니다. 일찍 홀로 되신 어머니 오 남매 자식을 키우시며 고생만 하셨기에 한번 불러보고 싶어라. 감자도 보리밭을 바라보며 보라색 꽃에 향기를 피우며 보리에 귓속말을 하는구나. "너희는 파란 이삭을 선보이는구나. 우리는 커져서 여러 사람 간식이 될 텐데." 어머님은 흔들리는 보리밭 고랑을 한 홀 한 홀 호미로 풀을 뽑으면서 허리가 끊어지라고 온종일 밭고랑을 파면서 이마에 흐르는 땀을 손등으로 쓱쓱 닦으시는구나! 어린 동생은 밭고랑에 앉아서 흙을 만지며 장난감 삼아 놀고 있네. 언니는 엄마 새참 드시라고 감자를 숟가락으로 득득 긁어서 가마솥에 노릇노릇하게 쪄서 김이 모락모락 나는 양풍이를 머리에 이고 와서 힘들어하시는 어머니에게 기쁨을 주던 그때가 그립구나!

파란 보리 이삭이 여름비에 몸을 적셔 고개를 흔들며 은은한 향기를 내 보낼 때 그 아름다움은 코끝을 간지럽게 하는구나. 비 온 뒤에 밭에 나가보면 까만 깜부기가 밭고랑에 흔들흔들 춤을 추고 있지요. 동네 친구들은 심술꾸러기 깜부기를 쏙쏙 뽑아내느라 보리 줄기를 밟으며 분주한 하루가 되지요. 어느새 누렇게 익어가는 보리 이삭은 무거운 고개를 이리저리 바람 따라 흔들거리며 가냘픈 다리를 지탱하느라 안간힘을 쓰네.

보리타작을 하려면 보리에 달린 까칠한 꺼럭 때문에 더운 여름 날씨에도 긴 옷을 입고 풍년의 타작을 와릉지릉 풍차를 돌리면서 한탄을 우스갯소리로 한번 넋두리하지요. 이렇게 껄껄한 보리를 어느 분이 발명해서 이렇게 힘든 일을 하게 되었는가 하면서 어머님의 혼자 사시는 넋두리가 보리밭 바람에 휘날리는 물결소리에 파도가 치는구나! 보리밭을 흔들었기에 오 남매 자식 키우는 데 힘이 되었을 것 같구나 하는 마음에 평생을 소중하게 사신 것 같네요. 인생의 길을 살아오면서 보리밭을 흔들 수 있다는 자연의 힘은 얼마나 값진 인생일까요. 영원히 보리밭을 흔들 듯이 긴 여생을 진솔하고 겸손하게 살고 싶습니다.

신인상 심사평

이번 호 신인상응모 수필부문 당선작으로 유성복의 수필 〈보리밭을 흔들며〉을 뽑는다.

이 작품은 비교적 짧은 글이지만 보리밭의 풍경을 떠올리며 수필로 빚어낸 회심작으로 퍽 그 내용이 감동을 준다. 보리밭이 바람에 파도처럼 물결치는 정경은 퍽 낭만적으로 보이지만, 그러나 옛적 보릿고개를 겪으면서 고단하게 살아오신 어머님을 떠올리면 생각은 다른 곳에 가 머문다. 보리밭 연상에서 얻어낸 옛 추억들을 잘 배합해서 쓴 감성은 독자들에게 공감을 주리라 믿는다. 문장의 서정성도 돋보인다. 남의 글을 많이 읽고 또 많이 써서 큰 수필가가 되길 바란다. 신인상 당선을 진심으로 축하드린다.

〈심사 위원: 도창회 · 장현경〉

당선 소감

어느 날 기다림이 습관이 되어버린 의자를 보며 내 삶도 그렇게 변해버릴까 봐 덜컥 겁이 났습니다. 무작정 새로운 나의 길을 찾아 단조로운 일상에서 탈출을 시작했습니다. 바쁜 가운데 틈틈이 경쟁에서 뒤처지지 않기 위해 시를 쓰고, 하나 둘 수필을 쓰기 시작했습니다.

세상은 한없이 넓었고 나는 너무 초라한 존재임이 보였습니다.

오랜 시간 두드려도 열리지 않는 문 앞에서 가슴앓이 하며 서성거리다가 용기를 냈습니다. 무수한 문인이 간 그 길을 두드리며 한 발 한 발 앞으로 내딛기 시작했습니다. 아련한 옛 추억을 떠올리며 보리밭을 흔들기 시작했습니다. 보리도 수확하고 감자도 캐는 즐거움 속에 당선소식이 들려 왔습니다. 부족한 글을 어여삐 보아주신 심사 위원님께 감사를 드립니다. 서두르지 않고 꾸준히 가슴 따뜻한 글을 쓰고 싶습니다. 버팀목이 되어준 가족과 격려를 아끼지 않았던 형제들과 기쁨을 함께합니다. 지도해 주신 장현경 선생님, 기꺼이 동행이 되어 주신 청계문예대학 시 창작반 선생님께도 고마운 마음 전합니다

유성복
- 호는 선계(仙溪)
- 청계문학 시부문 등단
- 삼성 지퍼 대표
- 청계문학회 사무국장
- 청계문학 카페 관리위원

문학상 심사평

청계 문학상 수상자를 시부문 대상에 고경자 시인을 선정했다.

시부문 대상의 수상자 고경자의 시 〈어름사니〉, 〈삼다도 돌담〉, 〈거미〉, 〈오카리나〉, 〈통각〉 시들은 시제(詩題)에다 시정(詩情)을 담는 기교(技巧)가 능란한 시인이다. 때때로 호흡이 긴 것이 흠이긴 하지만, 그러나 기발한 소재와 시상(詩想)이 아름답다. 고경자 시인의 빛나는 수상을 진심으로 축하한다.

〈심사 위원 : 도창회 · 장현경〉

어름사니

고 경 자

시간이 엮어내는 외줄 위에서
창포에 머리 틀어 올려
패랭이 속에 감추고
떨어질까 말까
한 생애의 무게를 올리며 밟고 간다.

*보레아스도 당신이 탱탱하게
걸어놓은 덫에 걸려
헛발을 딛고 갈 즈음에는

외줄 인생 붓끝에서
너스레를 떠는 재담으로
아득한 절벽을 키우는 어름사니

채 떠나지 못한 구경꾼 뒷자락이

고경자

• 호: 해원(海洹) • 제주 출생 • 고려대학교 교육대학원 수료
• 문학시대 신인상으로 등단
• 국제펜클럽 한국본부, 한국문인협회 회원
• 시대시인, 백양문학, 예술가, 청계문학 회원, 대한기독문인회 이사
• 한국시낭송가협회 부회장, 시낭송가, 시낭송지도자
• 서울시 의용소방대 연합회 여성회장
• 시집: 채색의 구름등
• 공저: 별의 노래, 풀꽃의 시, 푸른 트럭, 청계문학, 한국명시 시선, 바람아 달려라, 들꽃과 구름, 바람과 너울과 갯바위, 한일문화교류 합동시집 외 다수.

홀로 남아 흔들리고
스스로 굳은살 비늘을 털며
먼먼 외줄 산 아래
춤사위를 내려놓는다.

* 보레아스: 바람신

삼다도 돌담

고 경 자

한 생애를 살다
죽음으로 동반하는 당신이 있어
섬은 외롭지 않았다네

허리케인이 상어 송곳니처럼 날 세워
회오리칠 때도
까만 머리 삭발해
듬성듬성 비릿한 냄새 나는 섬을
잠재운 마이더스 손이였지

피아노 건반처럼 함께 누워
악기소리로 숭숭 바람소리 세며
연조의 풍상을 그려내는
봉분을 지키는 등 굽은 당신

검은 옷을 입고
섬을 지키는 전설의 흑기사
흑룡만리의 삼다도 돌담

바다의 올 고운 색감을 골라
만조를 기다리며 내공을 쌓을 때

만월 휘청거리는 탁류의 거품
뜨거운 여름을 마시며
당신 가슴에 머물러 함몰되어 간다.

거미

고 경 자

그건 빗살을 향한 나의 몸부림이요
탈피를 거듭하여 나의 업을 벗는 일이다

한 치씩 내려앉은 하늘을 보며
바람의 맥박을 집고
공중에서 엉덩이를 들고 열었다 닫으며 물레를 돌리는 일
허공의 깊이로 침묵하고 산다는 건 쉬운 일이 아니지
공기와 진동도 온몸의 털과 가시로 적을 막아내며
성채로 선 이 자유

거미가 거미에 붙어서 털 세상을 본다
관능에 사로잡혀 분화구처럼 돌출하는 분탕 칠한 도시
안개 속에 숨어버린 켜켜이 쌓여가는 속울음
시계 밖 꽃잎으로 져 몸속을 적시고
수목으로 강가로 한줌 구름으로 선 영혼들

허공을 벽으로 눕히고 제 몸을 세상을 보다가
종족보존을 위해 결국 제 몸이 먹이가 되는 모성지간
까마득하게 인생이란 수직선 위에서 시공을 건너며
어떤 거미도 스스로 또 덫에 걸려간다.

오카리나

고 경 자

취구부에 입술을 대고 혀끝으로 바람을 일으킨다
투투 바람에 실려 오래된 잉카의 영들이 눈을 틔우고
깊숙이 갇혀 있던 유년이 심장이 뛰기 시작한다
그해여름
연동꽃잎이 고아원 울타리를 넘었고
성급한 파도가 마당까지 밀려왔다
내 기다림이 열꽃이 혼신이 힘을 다하고 있을 때

동토의 바버지가 뱉어 내었을 밭은 숨소리
나를 관통하는 먼 잉카의 바람소리

통각

고 경 자

뭍에서의 나의 체류기간은 길지 않다.
당신의 손이 닿자 팽팽한 나의 긴장은
손님들의 기대함만큼 내 피를 말렸다.

나무 젓 가락에 돌돌 말은 내 몸이 석쇠에서
맹렬하게 꿈틀거리며 하얀 살빛이 오그라드는 순간
사람들의 이마주름이 웃음 속으로 사라지는 순간
태어나는 호롱구이. 잊을 수 없다고 하는 맛

해저는 모성의 검은 눈물로 얼룩지고
꿈틀대는 갯벌에선 죽음 연습이 한창이다.

낙지라고 불리는 나의 영이
남해바다에 적막을 응시 한다.

근원적 존재 그 깨달음의 시

문학상 금상 수상자로 또 한 분 장경복 시인을 選한다. 현대시의 시론적 욕구를 충당하기보다는 서술적인 평이한 문체이긴 하지만 생의 근원적인 존재에 대한 사고와 인연 등 존재론적 내용에 비중을 두었다. 시는 결국 삶에서 빚어진 노래이므로 우리가 관여하고 있는 현실의 전반적 삶 즉 인간과 인간, 동물, 식물과 무생물에 이르기까지 또 시대적, 지리적 또는 환경적 문제들에 대한 존재를 고찰, 탐색하는 동시에 그 과정에서 자신의 성찰과 수련을 동반하는 정신적 작업이다. 정신을 담아내는 적절한 그릇이 될 구성과 기법도 쉼없는 노력에 의해서 찾아내야하는 것은 마땅하다. 그러나 무엇보다도 중요한 것은 내용물의 질(質)이 우선 되어야 한다는 생각이며 그것은 시인의 소명의식과도 무관할 수 없다는 믿음 때문이다.

장경복 시인의 시 〈門 〉에서 인간이 살아간다는 것은 계속 앞에 예비된 문 하나씩을 열고 나아가는 것이라고 삶의 근원을 짚어본다. 그 첫 번 째 문이 어머니의 자궁이며 그 문을 열고 세상에 처음 입성한다는 것이다. 매번 새롭게 열어야 할 문마다 그 자리에 평생 가두려는 것처럼 입을 쉽게 열어주지 않는다면서 살아가는 일의 어려움을 토로한다. 그런데 그 힘든 세상살이를 유머러스한 재미와 재치있는 위트로 비유하고 있다 오늘의 문을 찾으려고 입(入) 앞에서 머뭇거리는 것을 입(口)을 오물오물 하듯이 표현한 것이 그것이다.

시 〈물망초〉에서는 '나를 잊어주세요' 하고 사라진 뒤 '봉긋한 무덤'로 돌아온다는 불교적 연기설을 말하고자 한다. 그 무덤에서 튀어나오는 개구리, 무덤 위의 보름달 그리고 '무덤을 박차고' 무덤 밖으로 얼굴 내미는 풀꽃들로 돌아오는 것이다. 육신의 죽음이 전부는 아니라는 것이다. 그렇다면 죽음도 다음 생의 시작인 것이다. 시 〈민들레〉에서도 연기설은 이어진다. 화려하지 않고 소박한 풀꽃인 민들레는 어머니의 화신인 것이다. 소박하지만 겨울동안 비어있던 들판을 채우며 나오는 노랑 민들레는 아름다움 이상인 것이며, 민들레 홀씨는 자식에게 모두를 내어준 뒤의 '종이처럼 가벼워진' 어머니인 것이다. 모든 시인의 시 속에 꼭 등장하는 '어머니'는 시인의 존재 그 근원이기 때문이다. 시인마다의 수많은 옷을 바꿔 입으면서 어머니는 세상에 오시는 것이다.

문학상을 진심으로 축하하며 앞으로의 삶과 창작에 힘이 되기를 바란다.

〈심사 위원 : 김현숙 · 장현경〉

<청계문학 2호> 시 문학상

문(門)

장 경 복

인생(人生)은
문(門) 하나 여닫는 일

빛을 향해 맨발로
열 달 동안
어머니의 뱃속에 갇혀 있다
자궁을 열고 나오니

사방이 문(門)이
문 아닌 곳이 없다
삶의 문고리에 매달려
기막힌 애원의 문을 열면

다시 문(門)이다
문밖의 세상은 나를

장경복

• 서울 출생
• 사)한국문인협회 회원, (사)창작문학예술인협의회 이사, 집신문학회 이사, 강서문인협회 사무차장, 청계문학회 부회장 및 행사진행 위원장
• 수상: 베스트셀러 작가상, 2008년 올해의 시인상, 대한문학세계 문학대상
• 시집: 『기쁨 한 모금 슬픈 한 방울』『나는 당신의 밥입니다』『사막에 고래가 산다』
• 공저: 『현대시를 대표하는 특선 시인선』 외 다수

평생 가두려는지
쉽게 열어주지 않는다

나는 입(入)을 열고
밥을 넣어 오물오물
출구(出口)로 나가는
오늘의 문(門)을 찾는다.

물망초 - 꽃 이야기

장 경 복

나를 잊어주세요, 한마디 던지고
그렇게 사라진 뒤에
봉긋한 무덤이 하나 생겼다
부슬부슬 비가 내리면
개구리 튀어나와 팔딱거리고
한여름 매미가 천둥소리 낼 때
번개처럼 스치던 그리운 이름
어쩌란 말이냐
밤하늘 보름달은 높이 차올라
둥근 너의 얼굴 커다랗게 그려 놓고
하얗게 묻어둔 계절은 다시
봄기운 한창 피어나
꽃들은 나날이 불을 환히 밝히는데
잊으라던 네 말도
더는 못 참겠다고 무덤을 박차고
나를 잊지 마세요
그 말보다 더 무서운 꽃을 피우니.

민들레 - 꽃 이야기

장 경 복

어머니!
어머니의 사랑이 노랗게 피었습니다
나는 들판에 나가
세상에서 가장 아름다운 어머니를 만납니다
어려운 살림에
어머니는 화려한 것을 모르는 줄 알았습니다
남들이 싫어하는 일을 마다치 않으셨기에
힘들어하지 않으셨기에
더러워하지 않으셨기에
두려워하지 않으셨기에
어머니는 그런 사람인 줄 알았습니다

거칠어진 어머니의 손마디와
가슴으로 흘린 눈물방울이 들판에 가득합니다
종이처럼 가벼워진 어머니의 모습입니다
자식을 위하여 끝없이 주고 주면서
비우고 비운 어머니의 사랑입니다
뒤돌아 보지 않고 머뭇거리지 않고
바람에 흔들리지 않았던
밝고 깨끗한 정신의 공명으로
언제나 순수한 사랑으로
어머니는 늘 가난한 사람이었습니다

세상은 온통
가슴 뭉클한 꽃들이 하얗게 피었습니다

그리운 목소리로 가득합니다
사랑하는 어머니!

시 부문 문학상 심사평 / 최민희

일상적 삶의 소박하고 따뜻한 긍정

청계문학상에 오른 여러 후보자 속에서 최민희 시인의 작품을 選했던 것은 오늘날 현대시가 냉철한 객관적 시선에서 잘 보여주지 못하는, 지극히 따뜻하고 정감어린 삶을 포착한 주관적 시선에 매혹을 느꼈기 때문이다. 〈어느 사랑 이야기〉 외 두 편을 통해 그의 시선은 사람들의 눈에 잘 띄지 않는, 어떻게 보면 꽤 적막한 곳에서 살아가고 있는 지극히 평범한 사람들의 일상에 초점을 모은다. 부부가 함께 보금자리를 이루고 열심히 일하며 자식들을 키우는 그 자체를 사랑과 희망으로 보는 건강하고 긍정적 시선이 잔잔한 감동을 준다.

시 〈어느 사랑 이야기〉에서는 한 쌍의 재두루미로 형상화한 어느 부부며 그들의 고단한 어께에는 '여우비 삶이 소리없이 내리는데' 그래도 '잿빛사랑은 쉼없이 익어간다'로 갯펄을 일터로 살아가는 사람들의 일과 사랑을 긍정적 시선으로 바라보았으며 시 〈그곳에는〉에서는 제1연에서 '바람을 가르는 이파리들'과 '은물결이 출렁거리는' 그곳 이상의 세계를 마음에 간직하고 있지만 제2연에서 '기다림으로 두근거리며/ 때로는 두려움으로 떨며' 이곳 현실적 오솔길에 직면한다. 그러나 그 현실에서도 '검정 딱따구리 한 쌍이/ 세 마리 새끼들을 키우며/ 희망을 지저귀고 있었다'를 놓치지 않고 잡아내는 내공의 힘이 느껴진다.

소위 속세적 출세를 앞세우는 도시적 삶을 비교해 보자면 가진 것 없고 보고 듣는 문화적인 생활과 거리가 멀지만 자연의 품에서 순리대로 살아가는 순박한 부부의 삶이 최민희 시인의 눈을 통해서 사랑과 평안으로 확인되는 시간이었다. 또 시 〈봄날〉을 통해서 많은 시인들은 땅 위로 드러낸 새싹들에 의해 봄을 느끼지만 최시인은 새싹에 가려 잘 보이지 않는 '땅이 발돋음을 한다'는 것을 보고 있다. 그래서 '땅이 꿈틀거릴 때/ 나무도 목을 들어 올린다'는 것을 알고 있다. 그리고 그것은 바로 '눈물 머금은 마디 마디'로 긴 잠에서 깨어난다는 섬세한 관찰을 발휘하며 침묵의 땅에게 역동성을 부여한 감각적 표현이 돋보인다. 좋은 시는 시인 자신의 인생관과 삶 그리고 삶의 태도에서 이루어진다는 것을 다시 한번 확신한다

일반인이 무심히 스치는 사람과 물건 같은 대상 또는 일련의 사건을 간과하지 않고 교감하고 진실을 만나려고 끊임없이 노력하며 이렇게 얻어낸 것을 독자와 나누는 시인은 위대하다. '작가란 사회의 어둔 뒤안길에 불빛 한 점이라도 켜며 걷는다'는 소명의식을 염두에 두고 정진하기 바란다. 최민희 시인의 청계문학상 수상을 진심으로 축하하며 앞으로 더욱 빛나는 삶과 문운을 빈다.

〈심사 위원 : 김현숙 · 장현경〉

어느 사랑 이야기

최 민 희

봄날처럼 아득한 날
강물과 바다가 만나
소리 없이 만든 갯벌
새 생명이 움트고 있다

재두루미 한 쌍이
이 갯벌에 취해
눌러 앉아 살고 있다
갯벌이 숨 쉬는 날마다
가지런히 단장하고 달려 나와
오만가지 사랑 이야기를
갯벌위에 펼치고 있다
둘만이 주고 받는 밀어
바람이 헤살 놓을 때도 있지만
때론 웃으며 괴로울 때 같이 울며
서로 등 두드려주며 손잡고 온

최민희

- 충북 청주 출생
- 경희대학교 경영대학원 졸업
- 〈한국문학예술〉지로 등단
- 송파문화원 공로상 수상
- 송파시문학동인회 총무
- 〈해피송파〉 기자
- 동인지: 〈송파나루에서 남한산성까지〉, 〈아름다운 계절〉, 〈소금꽃〉 외 다수

부부의 길고도 오랜 여정

앞은 안개로 자욱하고
언제 세찬 비바람 동행하고
성난 파도 시샘하며 밀려올지
갈 길은 멀기만 하고
시간은 어김없이 달려오는데……
오늘도
재두루미 어깨에는
여우비 삶이 소리 없이 내리는데
잿빛사랑은 쉼없이 익어간다

그 곳에는

최 민 희

그 곳에는
봄 햇살에 반짝이는
은사시나무 숲이 있었다
봄바람에 팔랑거리며
바람을 가르는 이파리들
은물결이 출렁거리는
내가 꿈꾸는 미지의 세계
그 곳에 자리 잡고 있었다
그 옆에는 비늘같이 반짝이는
샛강이 가슴을 열어놓고
늘 기다리고 있었다

그 곳에는
겨울 햇살에도 빛을 뿜으며
눈꽃을 피우는 숲이 있었다
기다림으로 두근거리며
때로는 두려움으로 떨며
노을 붉게 물들었던 오솔길
누가 안내를 했는지
검정 딱따구리 한 쌍이
보금자리를 만들고
세 마리 새끼들을 키우며
희망을 지저귀고 있었다

봄날

최 민 희

땅이 발 돋음 한다
땅이 꿈틀거릴 때
나무도 목을 들어 올린다
눈물 머금은 마디 마디
묵은 한숨 토해내고
긴 잠 깨어난다

꿈꾸는 자
오늘은 어제와 다르고
내일은 오늘보다 한층 빛날 때
솜털 보송보송한 나이되어
대지에 발자국 내달으며
세상으로 향한다

문학상 심사평

청계 문학상 수상자를 수필부문 대상에 모춘자 수필가를 선정했다.

다음 수필부문 대상의 수상자 모춘자의 작품 〈백양사 가는 길〉은 기행수필로 화자가 답사 도중 때때로 느낀 심금을 잘 토로해 놓아 공감을 얻는다. 담담한 필치로 본 대로 느낀 대로 스스럼없이 써내려간 글이 별 무리 없이 정리되어 있어 호감이 간다. 모춘자 수필가의 빛나는 수상을 진심으로 축하한다.

〈심사 위원 : 도창회 · 장현경〉

<청계문학 2호> 수필 문학상

백양사 가는 길

모 춘 자

오랜만의 2박 3일의 외출은 문학공간 작가회에서 주관하는 가을 나들이 세미나였다.

나는 하루 전날 서둘러 서울로 와서 진주에서 오기로 약속한 문우와 허름한 여관방을 선택하고서야 안도의 숨을 쉴 수가 있었다.

인사동 출발지에서 도심을 가로지른 한강을 지나서 서해고속도로를 타고 질주하기 시작했다. 간간이 민물이 드나드는 작은 포구들이 정겨운 정취를 토하고 있었다.

그러다가 좀처럼 볼 수가 없었던 수평선이 나타나기 시작했다.

그 순간 왠지 모를 벅찬 감회가 내 안에서 소용돌이치기 시작했다.

분명 그 이유라면 내가 바닷가에서 태어나서 유아기에서부터 성장하기까지 그런 바다에서 보냈기 때문일 것이다.

또 하나 이유는 내가 바다가 차단된 내륙에 살고 있기 때문이다.

사람들은 고향을 떠나서야 비로소 향수라는 어휘를 되새김질한다.

모춘자

- 호는 초우(艸雨)
- 《문학공간》으로 시 등단, 《수필과 비평》으로 수필 등단
- 한국공간시인협회, 한국공간수필가협회 회원, 수필샘 동인 회장, 청계문학회 후원회장 겸 시낭송위원장
- 한국공간시인협회상 수상
- 시집: 『풀잎 연가』『징검다리가 되고 싶다』『산수유마을로 가면』

또한, 그곳이 잊을 수 없는 추억의 요람이었던 것도 깨닫게 된다.

그러니 모처럼 해후만 같은 그 수평선을 눈앞에 두고 어찌 내가 외면할 수가 있었겠는가……

그런 향수를 일깨워주는 수평선을 지나서 서운사 인근으로 갔다.

그곳에서 말로만 들어보았던 그 유명한 풍천장어로 푸짐한 중식을 끝내고 미당 문학관을 탐사했다. 정말로 한 송이 국화꽃이 씨를 뿌려놓은 것이 그 마을 전체가 국화꽃으로 변신했던 것에 감탄이 절로 나왔다. 때맞춰 그날도 국화축제가 열리고 있었기에 관광객들의 발길도 끊이질 않고 있었다. 그리고 또 첫째 날은 특설무대에서 100억 송이 국화꽃 쇼도 있었다고 하니 그런 장관의 볼거리 또한 풍성했을 것이라는 상상력이 신기루처럼 사방으로 전개되고 있었다.

그런 지역문화답사도 시간관계로 잠시일 뿐……

또 하나 목적지인 영광원자력 발전소에 시급히 당도했다.

그곳에서부터 원자력문화에 대한 여러 가지 면모를 실제로 보고 듣고 했던 것이 정말로 소중한 견학이었다고 말하고 싶어진다.

오늘날은 그런 원자력이 바로 국가경쟁력을 좌우한다는 것이다.에너지 없이는 단 하루도 살 수 없는 것이 우리의 현실이고 보면원자발전은 선택이 아니라 국가의 미래를 결정하는 필수적인 에너지라는 것도 분명한 사실이었다. 우리가 우려했던 방사선 폐기물 또한 안전하고 체계적인 관리를 위하여 방사선 폐기물처분장 건설이 시급했던 것이 조만간 건설된다니천만다행이라고 통쾌한 환호성이라도 지르고 싶었다. 이제 우리도 선진국 대열에 동참할 수 있다는 자부심 때문인가 왠지 모를 뿌듯한 희열이 나를 행복하게 해주고 있었다. 원자력시찰이 끝나고 서녘 해가 능금처럼 익어갈 무렵이었다. 저녁 식사는 원자력발전소 인근에 있는 법성포로 갔다. 서해 바닷물이 드나드는 포구에는 수많은 식당이 빽빽하게 늘어선 것이 마치 대국의 식당가를 방불케 하고 있었다. 우리 일행 모두가 법성포 1번지 식당을 선택했다. 그 식당의 실내장식 모두가 마법의 나라로 안내해주고 있었다. 그런 현상은 아마도 차멀미에 취해버린 몽롱한 기분의 착시 현상 이었다고 자위하고 말았다. 그러고 나서 식탁에 차려 놓은 진수성찬이야말로 황홀한 식사였노라고 말하고 싶어지는 것은 왜일까 법성포라서 인가 신토불이 영광굴비, 싱싱한 해물로만 만든 먹거리가 무려 20가지가 넘을 정도였으니 그 외 음식들은 상상에 맡길 수밖에...... 이렇게 푸짐한 식사의 환대를 받고 보니 모두가 황실에서 수라상을 받고 있는 왕과 왕비가 된 기분이었다고 말하고 싶었다. 그렇게 황홀했던 식사를 끝내고 일행을 태운 관광버스는 백양사 호텔 숙소로 향해 어둑어둑 땅거미가 내린 미로를 달리고 있었다. 한참을 지나고 나서야 싸락눈 같은 불빛이 쏟아지고 있는 환상적인 백양사 호텔 밤의 묘한 분위기에 내가 그만 사로잡히고 말았다. 바로 이런 곳이 천국이 아닐까 하는 착각 때문에 또 한 번 환호성이 터져 나오고 말았다. 그런 환상적인 것도 잠시일 뿐 나는 배정표를 손에 들고 객실로 올라가서 피곤을 달래기로 했다. 종일토록 둥지 찾아 헤매던 철새가 안식의 쉼터를 발견한 안도감 때문이었는지 오랜 시간의 여정에 지친 육신을 한순간에 녹여주었다.간밤에는 빗소리가 요란했다. 예정된 백양사 답사와 백양사 단풍구경이 허사일 것을 생각하니 잠이 오질 않았다.

빗길에 버스운행이 힘들 것이고 간밤에 떨어진 낙엽은 황색 비로 또는 꽃 비로 떨어졌을 것이라는 생각 때문이었다. 다음 날 아침이었다. 1층 숙소에서 조식을 끝내고 백양사로 향했다. 간밤에 떨어진 낙엽들이 모두가 날개 젖은 작은 새가되어 날아가지도 못하고 모성의 나목 밑에서 샛노란 이불을 펼쳐놓은 것이 왠지 모를 감회가 눈시울을 적시게 했다. 또한 꽃자리도 깔아 놓았던 것이...... 나는 오늘에서야 백양사 단풍이 아름다운 이유를 확실하게 알았노라고 또 말하고 싶어진다. 그러고 보니 백양사의 낙엽은 아무리 보아도 티끌하나 없는 꼭 보석빛깔만 같은 아름다움의 극치를 나타내고 있었다. 마지막 답사인 백양사를 뒤로하고 떠나는 차창밖에는 명주실 같은 뽀얀 안개비가 이별의 전주곡처럼 백양사의 낙엽을 적셔주고 있었다.

문학상 심사평

청계 문학상 수상자를 수필부문 금상에 전성경 수필가를 선정했다.

수필부문 금상의 수상자 전성경의 수필 〈수사입기성〉은 주역에 말조심을 당부하는 글로, 작가가 체험하며 느낀 것을 진솔하게 피력한 퍽 공감대를 이루는 작품이다. 전성경 수필가의 빛나는 수상을 진심으로 축하한다.

〈심사 위원 : 도창회 · 장현경〉

수사입기성(修辭立基誠)

전 성 경

우리는 세상에 태어나 가장 먼저 어머니에게 말을 배운다. 어머니의 말을 따라 행동하고 어머니의 말을 배워 사람이 된다. 어머니가 가르친 말에는 사랑이 있고 진리가 있고 정성이 있다.

사람이 하는 말과 행동을 언행(言行)이라고 한다. 언행이란 말은 어머니로부터 배운 말과 사회에서 갈고 닦은 말씨로서 활동하기에 적합한 인격을 갖춘 용어다. 언행이 고상하면 품위가 있고 언행이 난잡하면 망나니 같다. 품위가 있는 언행과 사랑이 깃든 말씨는 사람을 돋보이게 한다. 언행과 품위는 인격을 지탱하는 두 수레바퀴라 할 수 있다.

그러나 우리는 커 가면서 말이 거칠어진다. 말이 거칠어지면 욕설이 되고 거짓이 된다. 사회가 어지러운 것도 거짓이 많고 말이 거칠기 때문이다. 수사입기성(修辭立基誠)이라고 주역은 가르치고 있다. 말

전성경

- 호는 해정(海情)
- 경남 의령 출생
- 문학공간 시부문 등단
- 시집 『난 꽃 피던 날』로 출판기념회
- 수필집 『삭풍에 피는 꽃』
- 한국문인협회, 경남문인협회 회원, 한국수필가연대, 수필샘동인 회원, 진주문인협회 회원, 청계문학회 자문위원, 국제펜클럽 한국본부 회원

을 다듬어서 참을 세운다는 뜻이다. 그런데 사람들은 참된 말을 배웠으면서도 어째서 실행에 옮기지 못할까?

나는 얼마 전에 젊은이에게 낭패를 당한 일이 있다.

이사 온 지 얼마 안 되어서 나는 친한 이웃도 별로 없고 갈 만한 곳도 없었다. 그래서 집에서 가까운 노인정에 갔다. 노인정에는 85세에서 94세 되시는 연로하신 분들이 칠팔 명 계셨다. 집에서 언제나 컴퓨터와 책을 가까이하는 나는 그 후 몸도 풀어줄 겸 슬며시 그분들께 들른다. 간간이 들러 너무나 연로하셔서 힘도 없고 권리도 주장하지 못하는 할머니들께 조그만 봉사라도 한다는 생각으로 말벗도 되어 드리고 필요한 것이 있으면 심부름도 해 드린다.

할머니들은 그런 내게 재미있는 옛날 얘기를 들려주시곤 한다. 언문을 배우러 야학교에 갔다 오는데 호랑이가 나타나 10살 난 친구를 물고 달아나 온 마을 사람들이 동원돼 찾았지만 아이는 이튿날 팔과 다리가 떨어져 나간 채 발견되었다. 그 이후부터 야학교도 못 가서 결국 까막눈이 되어 평생을 살았다는 전설 같은 얘기들이다. 때로는 며느리 자식들이 너무 서운하게 한다며 하소연도 하는데 그런 얘기를 들어 주며 할머니들의 벗이 되고 있다.

요즘은 복지시설이 워낙 잘 되어 있기 때문에 우리 아파트도 비교적 노인들이 생활에 별 불편 없이 지낸다고 생각했다. 노인회 회장님 및 동 대표님과 부회장님 이하 집행하는 분들이 많이 신경을 써주어 노인들 지내기에 큰 불편은 없다고 생각하고 있었다. 그런데 어느 날 노인정에 가 보니 화장실 때문에 여간 걱정이 아니었다. 노인정 화장실이 공동 화장실이었기 때문에 너무나 많은 주민들이 들락거렸고 어린이들이 대변을 바닥에 뭉개어 놓기도 했다. 그것을 90 노인들이 치우지만 냄새가 너무 많이 난다는 얘기다. 나도 그렇게 밟아 놓은 것을 몇 차례 보았으며 노인정 입구에 가면 흉측한 냄새가 말이 아니었다.

그래서 대책이 설 때까지 우선 문을 잠가 두자고 생각한 나는 문을 잠그기 위해 화장실 문 앞으로 갔다. 화장실 문을 잠그려는 순간 안에서 사람 소리가 났다. 분명 아이들 소리였다. 문 잠글 테니 볼일 봤으면 빨리 나오라는 내 말이 분명 거칠었던 것은 인정한다. 하지만 아이 엄마라는 새파란 아낙이 달려나오며 공동 화장실인데 왜 당신이 그러냐며 고래고래 소리 지르고 삿대질로 바락바락 달려드는데 어처구니가 없었다. 그날 격한 나머지 나 역시 거친 말투였음에는 틀림없었다. 그런데 그게 끝이 아니었다. 이튿날 그 젊은 아낙은 친구 하나를 데리고 왔다. 그 새파란 친구가 나를 보며 분명 공용인데 내 쪽에서 잘못했으니 빌라는 것이었다. 그것도 사과를 해야 된다는 정도의 부드러운 말씨가 아니었다. 나는 너무 기가 막혀 이 시대를 한탄하며 돌아섰다.

이 시대 교육은 유교사상이 땅에 떨어진 지 오래고 도의심(道義心)이 없어진 것이 큰 문제다. 열차 안에서 어른 앞에서 담배 피우던 청소년이 그것을 나무라는 어른을 따라가 몹쓸 짓을 하지 않나…. 너무 영어 교육에만 힘쓰다 도덕은 땅에 떨어졌으니 큰 문제가 아닐 수 없다.

언제나 수사입기성(修辭立基誠)을 생각하며 몸을 다듬듯이 말씨도 다듬으며 살아가야 되리라. 요즘 젊은이들, 부디 풍성하고 아름다운 이 가을 독서의 계절에 좋은 책 많이 읽고 품격 있는 삶을 살아가기 바란다.

삶의 진실을 드러낸 시적 감성과 문체

문학에서의 장르를 구별함에 흔히 소설은 허구(虛構), 시는 심상의 형상화(形象化), 수필은 개인의 인격적 고백이라고들 한다. 수필은 사람과 사물 또는 일련의 사건과 일에 관해 보고 듣고 또 느낀대로 작가의 인생관, 가치관을 넣어서 전달하게 된다. 거기에 담겨진 진실이 독자와 공감대를 이루어 감동을 일으키게 된다.

어느 장르든 문학은 작가의 체험이 바탕이 되는 공통분모를 가지고 있으며 삶이란 주제에 인생관과 철학 또는 종교관이나 사상이 내포될 수밖에 없다. 따라서 장르의 구별이란 표현 방법의 차이에 따른 것이지만 사유와 관 조와 성찰을 통한 결과물로서 소설이나 수필 속에서도 시적인 문체를 종종 만난다.

이번 수상자 정금자 씨의 〈어머니와 쑥인절미〉란 수필에서 풍겨오는 전체적 이미지는 한 편의 시나 다름이 없다. 정금자 수필가의 〈어머니와 쑥인절미〉에서는 자신의 어머니께서 어린 자식들의 몸에 좋은 쑥인절미를 만들어 먹이는 전체 과정을 작가의 섬세한 감성과 유려한 문체로 잘 그려내고 있다. 어머니는 바쁜 살림살이 그 와중에도 땡볕에 얼굴을 쏘이면서 산과 들에서 쑥을 뜯고, 절구통에 찧고 또 가마솥에서 쪄낼 때 아궁이의 매운 연기에 눈까지 찔린다.

이 한 편의 수필 속에서 어머니란 어떤 존재인지 다시 곰곰 생각하지 않을 수 없다. 그러나 여기까지는 한 사실의 전달이다. 그런데 그렇게 만든 인절미를 이웃과 나누던 그 시절이 작가에게 너무나 큰 기쁨이었다는 고백으로 그 시절 풍속이 드러남에 따라서 한 편의 수필은 역사적 기록으로 남게 된다. 또 자식에게 인절미를 돌리는 심부름을 통해서 자연히 자식 속에 싹틔운 선인들의 나눔과 베품의 지혜도 엿볼 수 있다. 정금자 수필가는 '작가는 어둔 길에 불빛을 켜면서 걸어간다는' 작가로서의 소명의식을 분명 인지하고 있는 것이다.

우리 가슴을 촉촉이 적시는 대미(大尾)를 음미해 본다. 〈떡집 앞을 지날 때면, 아득히 먼 세월의 강에서 피어나는 물안개로 어머님이 내게로 온다. 낮에 나온 달 같다가도 금방 사라지는 물안개로...... 글썽이는 눈물 못내 참아가며 아직 채 꺾지 않은 쑥 향기 가득한 길을 걷고 있다.〉에서 한 편의 시를 읽는 듯한 착각이 불러온 건지. 봄도 한참을 지났는데 먼 곳 어디에선가 아련히 쑥 향기가 날아든다. 청계문학상을 진심으로 축하드리며 삶의 정진과 문운을 빈다.

〈심사 위원 : 김현숙 · 장현경〉

어머니와 쑥인절미

정 금 자

치매 환자를 포함한 노인병 전문치료병원에 근무 할 때 일이다. 병실은 늘 장기 환자를 비롯한 노인들이 전부다. 하늘의 기운이 잠잠해지는 밤이면 언제나 여기저기서 끙끙 앓는 소리들이 음습한 땅으로 내려와 6층짜리 건물 안에서 돌아다닌다.

지난 설날, 78세 된 환자의 여동생 한 분이 해남에서 병문안을 왔다. 오는 길에 직원들을 위해 쑥인절미를 만들어 온 일이 있다. 요양보호사 중 나이 40이 넘도록 결혼하지 않은 Y씨가 있었다.

Y씨가 인절미를 한 움큼을 들고 나오더니 수줍음도 없이 입을 쩍 벌리며 얼굴을 하늘로 향한 채 초록색 인절미를 꿀꺽 먹어 치웠다. 볼이 볼록볼록 튀어 나오도록 맛있게 먹던 그녀가 나를 불렀다.

정금자

- 호(號): 은영(恩榮) • 아호〔雅號〕: 慧園(혜원)
- 전북 남원 출생
- 1995년 제4회 전통 꽃꽂이 최우수상
- 2000년 제4회 노인의날 효행표창
- 전문 병원 친절상 • 나눔자활 공로상
- 《한겨레문학》 시 부문 등단
- 사) 한국문인협회 회원 • 《한겨레문학》 총무국장 역임
- 《시서문학》 편집위원 역임 • 《들꽃씨》 동인 부회장
- 《한국문학방송》 회원 • 《청계문학》 부회장 • 《시와 수상문학》 부회장

"언니, 이리와 봐요. 김 어른신의 보호자께서 쑥인절미를 아주 먼 시골집에서 손수 만들어 오셨는데, 언니도 나처럼 이렇게 먹어봐요. 참 맛있어요. 자! 아……."

하면서 나의 입에다가 인절미 한 개를 넣어 주었다. 그녀의 자연스러운 행동에 나는 그만 그녀가 넣어주는 떡을 엉겁결에 받아먹고 말았다. 바로 그 맛이었다. 어릴 적, 어머니께서 정성껏 만들어 입에 넣어 주시던 바로 그 맛이었다. 그윽하게 입안을 감도는 쑥 향에 불현듯 어머니 생각이 났다.

불쑥 솟아오르는 그리움이 물밀듯 밀려와서 나도 모르게 눈물이 주르륵 흘러내렸다. 해마다 봄이면 자식들에게 먹여 주고 싶은 당신께선 땡볕에 얼굴이 빨갛게 달아오르는 줄도 모르고 들로 산으로 다니시며 대광주리가득 쑥을 캐다가 절구통에 찧고 아궁이에 군불 지피실 때 찜통에 찌어 주셨던 쑥인절미, 어머니는 세상을 떠나신지 아득히 멀건만 지금도 나의 눈망울은 녹음이 우거진 쑥밭에서 쑥 캐러 가신 어머니를 마중 나가 있다.

어느 날인가, 그날도 어머니는 쑥을 캐다가 아궁이에 소나무 가지를 뚝뚝 꺾어 넣으시더니 성냥불을 켜서 불을 지피시고 쑥인절미를 만들고 계셨다.

"엄마, 이거 힘들게 왜 자주 만드세요? 눈 매워죽겠는데……."

아직 마르지도 않은 솔잎이 타면서 매캐한 연기가 마당 밖까지 스멀스멀 퍼져나가고 있었다.

"여자한테 좋은 거여……."

머리에 두른 수건을 풀어 얼굴을 닦아 내리시더니 나를 힐끔 올려

다보시며 말씀하셨다.

쑥은 피로를 풀어 주고 신진대사를 원활하게 하며, 소화기 장애를 해소시켜 변비에 좋다고 하셨다. 또한, 따뜻한 성질을 몸에 전해주기 때문에 그 성질이 또한 여자와 같다고 하셨다. 그 외에도 여러 가지 효능이 있다지만, 의학적 지식을 공부하셨을 리 없던 어머니셨다. 그럼에도 불구하고 봄만 되면 부지런히 쑥을 캐서 인절미를 만드셨던 것은 자식을 향한 지극한 사랑의 발로였던 것이었다.

당신은 힘드신 줄도 모르고 그저 자식 사랑에 하나라도 더 먹여 주려고 애쓰시던 모습, 넘치는 사랑이 아직도 내 가슴을 진달래 꽃빛으로 물들게 한다. 나는 어린 소녀였다. 가마솥에 불을 지펴라 하시면 무조건 순종하던 어린 여자 아이, 어머니를 도와 연한 피부가 발갛게 물들 때까지 장작불을 지펴 쑥을 삶던 기억이 새록새록 떠오른다.

가마솥에 삶은 쑥을 꺼내 검은 물 우려낼 겸 쓴 맛이 빠질 때까지 3일 정도 물에 담가 두었다가 불린 찹쌀과 함께 시루에 넣고 고실고실해 질 때까지 장작불로 쪄 낸다. 그런 다음 절구에 넣고 떡메로 친다. 아버지가 떡메를 치면 어머니는 엉기지 않도록 골고루 뒤집었다. 떡판에다 올려놓고 손으로 뚝뚝 떼어 구수한 콩가루를 발라 놓으면 맛있는 인절미가 만들어 졌다.

떡심부름도 무척 많이 했다. 덩달아 신이 난 나는 접시 여러 개를 겹쳐놓고 이웃집으로 뛰어가다가 돌부리에 걸려 넘어지면서 아까운 떡에 흙고물을 묻힌 적도 많았다.
어머니께서 내게 시키시는 심부름 중 가장 신나고 기뻤던 것도 이웃에게 먹을 것을 전해 드리는 일이었다. 쑥인절미는 물론이거니와 제사 때 찐 시루떡과 시원하고 깔끔하게 끓인 콩나물국 한 대접안의 송송썬 실고추와 가마솥에 갓 볶아낸 참깨를 콩나물국물위에 띄워 양

재기 쟁반이나 대나무로 만든 바구니에 담아 주면 발걸음도 가볍게 이웃으로 향하곤 했다.

즐거움이 얼마나 큰 것이었던가 생각하니 지금도 가슴이 두근거린다.

인절미는 야참이나 새참으로 훌륭한 음식이었다. 엿가락처럼 길고 두껍게 잘라 냉동실에 두었다가 먹고 싶을 때 꺼내 다시 찐 다음 콩고물을 얹으면 마치 막 만든 인절미처럼 되곤 했었다.

형제들과 모여 앉아 찌거나 구운 인절미를 먹으며 밤 깊은 줄도 모르고 깔깔거리며 대화를 나누던 기억이 새삼스럽다. 오늘 이렇게 쑥인절미를 먹고 있으니 새삼스레 어머니가 그리워져 눈물이 앞을 가린다.

살아생전 누구도 흉내 낼 수 없도록 맛있는 쑥인절미를 만들어 주시던 크나 큰 사랑에 두 손 들어 받아 들지 못했던 그 때의 죄스러움이 아직도 눈가에 아른거린다.

떡집을 지나면서 지금은 돈 주고 얼마든지 사 먹는다. 하지만, 어머니가 돌아가신 지금, 자식을 사랑하는데 있어 아궁이 속 장작불처럼 몸과 마음을 다해 헌신하시다가 쓸쓸한 기억만 남겨놓고 가신 당신 앞에 돈 주고도 살 수 없는 어머니만의 쑥인절미를 광주리에 담아 바칩니다.

하얀 수건을 머리에 쓰고 아궁이 앞에서 눈물 흘리시던 어머님, 떡집 앞을 지날 때면, 아득히 먼 세월의 강에서 피어나는 물안개로 어머님이 내게로 온다. 낮에 나온 달 같다가도 금방 사라지는 물안개로……. 글썽이는 눈물 못내 참아가며 아직 채 꺾지 않은 쑥 향기가득한 길을 걷고 있다.

포스트 모던 시대에 있어서 형이상 시학의 생명력

(The Living Power of Metaphysical Poetics in the Age of Post-Modernism)

원 응 순

"친애하는 몽골의 시인 여러분, 한국의 세계시문학연구회에서 활동하시는 시인 여러분, 그리고 내외 귀빈 여러분, 오늘 저녁 두 나라 시인들이 모여서 시문학 세미나를 진지하게 갖게 된 것을 기쁘게 생각하며, 이 자리를 통해 서로의 우의를 다지고 우리들의 시문학 세계가 더욱 발전하는 기회가 되기를 간절히 소망하며, 비록 짧은 강연이지만, 여러 시인들의 내면세계에 깊은 울림이 되었으면 합니다."

1

20세기 초에 영국의 비평가 그리어슨(H.J.C. Grierson)은 형이상학

원응순

- 연세대학교 영문과 졸업(B.A. 및 M.A. 학위)
- 성균관대학교 대학원 영문학 전공(Ph.D. 박사학위)
- 연세대학교 영문과 강사, 청주대학교 영문과 조교수
- Yale 대학교 교환교수
- 경희대학교 영문과 교수, 학생처장, 외국어대학 학장 역임
- 논문 및 저서: John Donne 시에 나타난 Caritas 연구 외, 현대 영미시 및 작가 연구, 번역서 다수
- 한국민족문학대상 수상(번역문학부문)
- 현재: 시인, 경희대 명예교수, 한국 크리스천 문학(계간지) 편집주간, 세계시문학연구회 상임 번역위원, 서울 동숭교회 장로

시에 대한 정의를 다음과 같이 내렸다:

형이상학 시는 단테(Dante)의 '신곡', 루크레티우스(Lucretius)의 '자연론'이나 괴테(Goe the)의 '파우스트'처럼, 우주에 관한 철학적인 개념과 위대한 존재의 연극 속에서 인간정신이 해 낼 수 있는 임무에 대한 구상에 의해 영감을 받은 것이다. (17세기 형이상학 서정시 평전, xiii)

Metaphysical poetry, in the full sense of term, is a poetry which, like that of the *Divina Commedia, the De natura Rerum, perhaps Goethe's Faust,* has been inspired by a philosophical conception of the universe and of the role assigned to the human spirit in the great drama of existence.(*Metaphysical Lyrics,* xiii)

그리고 그리어슨은 다시

형이상학파 시인들의 열정적인 사고는 항상 형이상학적이 되기 쉬우며 체험이 나타나는 곳을 탐색하고 면밀히 조사하게 되는 것이다. 이모든 요소는 존 던의 시에 편재해 있고 그러므로 존 던은 17세기 영시의 대부이다. (위의 책, xvi)

Passionate thinking is always apt to become metaphysical, probing and investigating the experience from which it takes its rise. All these qualities are in the poetry of Donne, and Donne is the greatest master of English poetry in he seventeenth century. (Ibid., xvi)

다시 엘리엇(T. S. Eliot)이 그의 시 이론의 전통성에 바탕한 '체험의 통일성'이라는 감수성의 메커니즘으로써 17세기 영국의 존 던(John Donne) 일파의 소위 '형이상학 시'(Metaphysical Poetry)에서 그의 가장 이상적인 해답을 찾으려고 한 것은 당연한 일이었다. 그리고 이처럼 엘리엇이 존 던의 시에 심취하게 된 동기에 대해 다음과 같이 말하

고 있다:

존 던에게 사상은 체험이었다. 그것이 그의 감수성을 수정했다. 시인의 마음이 일을 할 준비가 되면 잡다한 체험이 융합된다. 보통 사람의 체험은 혼란스럽고 불규칙적이고 단편적이다. 반면에 시인이 사랑에 빠지거나 스피노자의 책을 읽을 때 이 두 가지 체험은 서로 관련이 없다. 혹은 타이피스트의 소음이나 요리냄새도 마찬가지이다. 이러한 잡다한 체험들이 시인의 정신 속에서 항상 새로운 전체로 형성된다.(SE, p. 287)

A thought to Donne was an experience; it modified his sensibility. When a poet's mind is perfectly equipped for his work, it is constantly amalgamating disparate experience; the ordinary man's experience is chaotic, irregular, fragmentary. The latter falls in love, or reads Spinoza, and these two experiences have nothing to do with each other, or with the noise of the typewriter or the smell of cooking; in the mind of the poet these experiences are always forming new wholes. (SE, p. 287)

한편 윌리암슨(G. Williamson)은 엘리엇 시를 분석한 책, "엘리엇 시 안내서"*(A Reader's Guide to T. S. Eliot)*에서 시인이 형이상학 시에 몰두하게 된 이유를 다음과 설명하고 있다:

이 형이상학시의 방법은 혼합된 무두를 극적인 방법으로 묘사하여 아이러닉한 가면이나 태도 그리고 효과와 기지 면에서 반 영웅적인 것의 추정이라고 요약할 수 있다. 그것은 진지한 감정을 자조하거나 웃음거리로 만든다. 그리고 직관에 의해 조롱당하는 주관성, 현상과 실재 사이에 간격 등, 사물에 대한 반응도 복합적이다. 권태와 공포, 감정의 좌절 혹은, 현대생활의 허풍을 본다. 그것은 희생자들에 대한 연민을 감춘다.(p. 51-52)

This method may be summarized as the assumption of an ironic mask or attitude, mock-heroic in effect and wit, expressing a mixed mood, often by dramatic means. It indulges in self-mockery or ridicules serious feeling; it represents mixed reactions to things, the subjective mocked by the objective, the discrepancy between appearance and reality. It sees boredom and horror, the frustration or derision of latent feeling, the shams of modern life; it dissimulates sympathy for their victims. (Ibid., p. 51-52)

하지만 존 던의 시대의 그의 시에 대한 비평은 그렇지 않았다. 우선 드라이든(John Dryden)이나 포우프(Alexander Pope)의 경우를 들면, 드라이든은 존 던의 시작품들은 "보통의 언어로 쓰인 깊은 사상들이지만, 거칠은 운율"(deep thoughts in common language, though rough cadence)이 문제라고 혹평을 하면서, 다시 던은 형이상학을 너무 많이 사용을 하여--- 여성의 마음을 사랑의 감미로움으로 즐겁게 해 주어야 할 때, 지나치게 철학적 사색으로 여성의 마음을 난감하게 만든다 "(Donne too much affects the metaphysics---and perplexes the minds of the fair sex with nice speculations of philosophy, when he should engage their hearts and entertain them with the softness of love. Smith, *John Donne, The Critical Heritage* 1:13)고 했다. 그러나 다시 "우리나라 영국의 최고의 시인은 아니지만 가장 위대한 기지의 시인"(the greatest wit, though not the best poet of our nation)라고 칭찬도 아끼지 않았다. 포우프도 "던은 기지는 있으나 운율이 없는 시인"라고 드라이든과 같은 견해를 나타냈다.

2

이제 존 던의 시에 나타난 특징들을 잠시 살펴보자. 20세기에 접어들어 먼저 존 던의 연가인 *The Songs and Sonnets*에 대한 비평서를 먼저 그리어슨이 1921년에, 존 헤이워드(John Heyward)가 1929년에,

그리고 헬른 가드너(Helen Gardner)가 1965년에 각각 내 놓았다.

존 던의 시의 특징들 중 첫 번째 특징은 형이상시의 주요한 특징으로 알려진 '기상'(conceit)이라는 이전 시대의 '페트라르카풍의 시'(Petrarchan style poetry)와는 완전히 구별된 작시법을 사용하였다. 먼저 18세기 새뮤얼 존슨(Samuel Johnson)은 형이상학 시인들의 특징을 정확하게 지적했다:

일종의 부조화의 조화, 서로 같지 않는 심상들의 연결, 확실히 상이한 사물 속에 은밀히 숨어 있는 유사성을 발견하는 일.

a kind of *discordia concors,* a combination of dissimilar images, or discovery of occult resemblances in things apparently unlike.

이 평가는 적어도 형이상학 시인들의 기상(conceit)이라는 외형적 특징을 정확하게 표현했다. 가드너(H. Gardner)는 이 ′기상′이라는 시적 비유를 다음과 같이 설명했다:

기상이란 정확성보다는 재능이 더 돋보이거나, 최소한 보다 더 직접적으로 뚜렷하게 눈에 띄는 비유(사물간의 비교)인 것이다. 모든 비유는 닮지 않은 사물들 간의 유사성을 발견하고, 우리가 그 닮지 않은 것들을 강하게 의식하면서도 그 유사성을 시인하게 될 때 기상(conceit)이 이루어진다.(형이상학 시인들, p.15)

A conceit is a comparison whose ingenuity is more striking that its justness, or at least, is more immediately striking. All comparisons discover likeness in things unlike: a comparison becomes a conceit when we are made to concede likeness while being strongly conscious of unlikeness.(*Metaphsical Poets,* p.15)

엘리엇은 이 같은 컨시트(conceit)의 시법을 '객관적 상관물'(objective correlative)이론으로 설명했다. 그는 18세기와 19세기를 거치면서 영시는 심하게 감수성의 분열을 일으켜 돌이킬 수 없게 되었다고 보고 "시의 본질은 감정의 해방이 아니라, 감정이나 정서로부터 도피"라고 주장하면서 시는 사상이나 정서를 생경하게 그대로 나타낼 수 없으므로 그 사상이나 정서에 상응하는 등가의 사물의 이미지나 장면을 찾아 표현해야 한다고 '전통과 개인의 재능'에서 주장했는데, 이 시법은 '기상'(conceit)의 시법과 동일한 것이다.

존 던의 다음의 시 '고별사: 슬픔을 금하며'(Valediction: Forbidding Mourning)을 살펴보자:

우리 두 영혼은 그러므로 하나여서
  비록 나는 가야하지만, 단절이
아니라 확장을 겪은 다오,
  공기처럼 가늘게 쳐 늘인 금박처럼.

만일 우리 영혼이 둘이라면, 둘이라오,
  마치 뻣뻣한 콤파스 다리가 둘인 것처럼,
당신의 영혼은 고정된 다리여서, 움직일 기색도
  안 보이지만, 다른 다리가 움직이면 움직인 다오. (슬픔을 금하며, 6-7연)

If two souls therefore, which are one,
  Though I must go, endure not yet
A breach, but an expansion,
  Like gold to airy thinness beat.

If they be two, they are two so
  As stiff twin compasses are two:
Thy soul, the fixed foot, makes no show
  To move, but doth, if the other do; (Forbidding Mourning, 6-7 stanza)

위의 시에서 이별은 단절(breach)을 나타낸다. 그러나 진실하게 사랑하는 연인들의 관계는 분리나 단절이 있을 수 없다는 역설이, 곧 둘이 아닌 한 몸을 쪼개어 나누는 것이 아니라, 마치 공기처럼 가늘게 쳐서 늘리는 금박이라는 비유라든가(Though I must go, endure not yet/ A breach, but an expansion/ Like gold to airy thinness beat), 두 연인의 이별의 관계를 콤파스의 두 다리의 놀라운 이미지(If they be two, they are two so/ As stiff twin compasses are two)로 표현하는 비유법은 'conceit'의 좋은 예라 할 수 있다.

두 번째 특징은 '극적 대화체' 형식이다. 이 시풍은 물론 엘리자베스조朝에 무운시(Blank Verse)로 된 셰익스피어의 드라마(Shakespearian Drama)의 영향을 받은 것으로, 당시 유럽에서 풍미한 일종의 바로크(baroque)풍의 극적표현 양식이다. 존 던은 이 같은 바로크풍의 상상력을 통해 연인간의 사랑의 미묘한 감정의 변화를 표현할 수 있었다.(The dramatic, indeed the theatrical, is perhaps the major constituent of the baroque imagination. Frank J. Warnke, *John Donne,* p. 10)

세 번째 특징은 '역설'(paradox)과 '아이러니'(irony)의 표현이다. 브룩스(C. Brooks)의 견해를 따르면, 역설과 아이러니를 동일한 의미로 해석하고 있음을 본다. 그는 그의 '역설의 언어' *The Well-Wrought Urn*: The language of Paradox)에서 존 던의 시 '시성諡聖"The Canonization"를 역설과 아이러니의 구조로 설명하고 있다:

우리를 그대들 마음대로 부르시오, 사랑으로 이렇게 되었으니;
그녀를 한 마리의 날 파리라고, 나 또한 그것이라고 부르시오.
우리는 촛불이어서, 우리 스스로 태워 비용을 치르며 죽는다오.
그리하여 우리 속에는 독수리와 비들기가 들어있고,
불사조의 수수께끼는 우리로 인해
더욱 의미를 갖는다오; 하나이며 둘인 우리가 바로 그것이므로,

그러니 우리 양성은 중성이 되고,
우리는 죽어서 같은 것으로 부활하여, 이 사랑으로
신비스러운 것으로 판명된다오.(3연 1-9행)

우리는 사랑으로 살 수는 없어도 죽을 수는 있소.
우리의 사랑의 이야기가 비명이나
명정(銘旌)거리는 못되어도, 시에는 어울리리라;(4연 1-3행)

Call us what you will, we are made such by love;
Call her one, me another fly,
We're tapers too, and at our own cost die,
And we in us find the eagle and the dove.
The phoenix riddle hath more wit
By us: we tow being one, are it,
So, to one neutral thing both sexes fit,
We die, and rise the same, and prove
Mysterious by this love. (3 stanza, 1-9 line)

We can die by it, if not live by love,
And if unfit for tombs and hearse
Our legend be, it will be fit for verse; (4 stanza, 1-3 line)

위 시의 제목에 내재해 있는 메타포(metaphor)에서도 이미 반영하고 있지만, 이미 일종의 역설을 암시하고 있다. 왜냐하면 시인은 뻔뻔스럽게도 비속한 사랑을 마치 성스러운 사랑인 것처럼 다루고 있기 때문이다. 위의 시의 비유는 더 이상 페트라르크풍(Petrarchan style)의 지부한 시법에서는 볼 수 없는 예리함과 통렬함이 스며있다. 더욱이 연인들을 불사조(phoenix)에 비유하는 마지막 이미지는 매우 심각할 정도이다.

두 연인을 '불사조'에 비유하는 것은 그 이전에 두 개의 다른 비유와 교묘하게 관계된다. 즉 하나는 연인을 촛불(tapers)로 보는 것이고, 다른 하나는 연인들을 독수리(eagle)와 비들기(dove)로 보는 것이다. 그리고 다시 불사조는 새라는 것이고, 촛불은 탄다는 것으로 두 이미지는 교묘하게 융합하여 다시 살아나는 역설의 구조를 형성하게 되는 것이다. 이처럼 이는 두 가지 요소를 창조적인 상상력이 작용하는 결합의 한 메타포로 역설의 언어를 사용하는데 성공하고 있다 이 것은 과학과 상식을 초월하여 부조화와 모순을 동시에 결합하고 있기 때문이다. 영국의 낭만주의 비평가이며 시인인 콜리지(S.T. Coleridge)의 설명이 이를 뒤받침하고 있는 것이다:

서로 반대되거나 모순되는 성격의 균형 또는 융합 속에서 제 모습을 드러내는 것이다. 즉 서로 이지적인 동시에 동질적이며, 구체적인 동시에 일반적이며, 이미지인 동시에 관념이며, 개체이면서 전형적인, 오랫동안 익숙한 동시에 새롭고 신기한 지각이며, 일상적 질서 이상의 것인 동시에 일상적 정서 이상의 것이다.

It(Unity) reveals itself in the balance or reconcilement of opposite or discordant qualities: of sameness, with difference; of the general, with the concrete; the idea, with the image; the individual, with the representative; the sense of novelty and freshness, with old and familiar objects; a more than usual state of emotion, with more than usual....

브룩스(C. Brooks)는 다시 포우프(Alexander Pope) 시인의 '인간론'(Essay on Man)을 역설(paradox)의 구조를 갖고 있는 시로서 오히려 아이로니(irony)를 강조하고 있다고 설명한다:

인간의 마음을 택할까 육체를 택할까 망설이며,
태어나지만 죽고, 합리적 사고를 하지만 오류에 빠진다.
그의 이성이 이 정도니, 너무 적게 생각하거나

너무 많이 생각하거나, 무지하기는 매한가지…

일어났다가 넘어지게 창조되었고,
만물의 영장이면서, 만물의 제물.
진리의 유일한 재판관이면서, 끊임없는 오류 속에 내 던져지니,
세상의 영광이요, 웃음거리요, 수수께끼로다!

In doubt his mind or body to prefer;
Born but to die, and reasoning but to err;
Alike in ignorance, his Reason such,
Whether he thinks too little, or too much....

Created half to rise, and half to fall;
Great Lord of all things, yet a Prey to all;
Sole Judge of Truth, in endless Error hur'ld;
The Glory, Jest, and Riddle of the world!

프랑스 상징주의 시인, 줄 라포르그(Jules Laforgue)의 영향을 받은 시인 엘리엇(T.S. Eliot)은 그의 대부분의 시는 아이러니(irony)로 나타나는 것으로, 새로운 시대의 형이상성(metaphysicality)이라고 강조하였다:

라포르그(Jules Laforgue)는 질서에 대한 선천적 갈망을 가지고 있었다. 다시 말하면, 그 모든 갈망이 그것의 지적 등가물과 철학적 정당화를 가져야 하고 모든 생각이 그것의 정서적 등가물과 감정적 정당화를 지녀야 한다는 것이다. 따라서 그가 스스로 만족할 수 있 는 유일한 세계는 단테와 같은 것이었을 것이다. 라포르그에 있어서 지성의 분열(disintegration of the intellect)은 존 던 보다 훨씬 더 진행된 단계에 와 있었다. 그의 경우에 삶은 의식적으로 사상과 감정으로 나뉘어져 있었다. 그러나 그의 감정은 지적 완성을 요구하는 그런 것이었고…… 그가 품었던 철학세계는 감각적 완성을 요구할 정도로 느껴

지는 것이었다. 그 사상과 감정은 어울리지 않았다. 따라서 라포르그의 형이상성(形而上性)은 감정의 지성화(知性化)와 관념의 정서화(情緖化)라는 두 가지 방향에 이르게 된다. 그들은 서로 만나는 곳에서 충돌을 일으키고 여기서 라포르그의 아이러니(irony), 항상 자신에게 역방향으로 작용하는 아이러니가 발생한다.(형이상시의 다양성, 212-13)

Laforgue had an innate craving for order: that is, that every feeling should have its intellectual equivalent, its philosophical justification, and that every idea should its emotional equivalent, its sentimental justification. The only world in which he could have satisfied himself, therefore, was a world such as Dante's. The disintegration of the intellect, in Laforgue, had reached a much more advanced stage than with Donne: for Laforgue, life was consciously divided into thought and feeling; but his feelings were such as required an intellectual completion....and the philosophical systems which he embraced were so much felt as to require a sensuous completion. They did not fit. Hence the metaphysicality of Laforgue reaches in two directions: the intellectualising of the feeling and the emotionalising of the idea. Where they meet, they come into conflict, and Laforgue's irony, an irony always employed against himself, ensues. (*The Varieties of Metaphysical Poetry,* p. 212-13)

라포르그의 대부분의 시의 주인공들은 자조와 우울이 완전한 비애의 세계로 떨어짐 없이 가면을 쓴 채 진지한 감정을 희롱조로 표현하는 아이러니의 수법이 많이 나타나고 있음을 볼 수 있다. 다시 말하면, 시 속의 주인공이 심리적으로 분리되어 객관적 자아가 주관적 자아를 부정하거나 희롱하는 그런 수법을 사용되는 특징을 갖고 있는 것이다(T.S. Eliot: 프루프록이 연가, *The Love Song of J. Alfred Prufrock* 참조)

3

엘리엇 이후 소위 포스트모더니즘(Postmodernism) 시대를 거치면서 여러 시인들의 동인 구룹들이 나타나 반 모더니즘(Anti-Modernism)운동을 전개하게 되었다. 이 시대의 문학정신을 델모어 슈와르츠(Delmore Schwarrz)는 그의 '시의 현재의 정신상태'(*The Present State of Poetry*)라는 글의 표현대로, 엘리엇(T.S. Eliot) 등이 장식해 놓은 '생각의 무덤' 속으로 새어드는 "쾌적한 한 여름 오후의 햇살이 가득한 한가로운 공원에서 산책하고 있었다"고 평하고, 다시 그는 엘리엇의 모더니즘 시학은 이성시학(理性詩學)으로, '통합의 재현, 형이상적 의미체계의 구현, 닫힌 형식의 추구, 로고스의 존재와 초월적 상징과 해석 등을 바탕으로 하는 시학으로서 전후세대들을 안주시켰을 뿐, 1950년대 이후 미국시의 포스트모더니즘 시대의 미국인들의 진정한 감수성을 담아내지 못했다고 주장했다.

그러면 포스트모던적 감수성의 출발은 무엇일까 고려해 보면, 아마도 '이성과 합리성'에 대한 병적인 반항심리가 아닐까 한다. 이들은 소위 '말의 혁명'(revolution of the word)을 전개해 나갔는데, 이 시대에 나타난 동인들의 시론그룹들은 실험적인 성격을 띤 것으로, 올슨(Charles Olson) 중심의 '투사 시론'(projective poetics)을 주장하는 '블랙마운틴 그룹 시인들', 알랜 긴즈버그(Allen Ginsberg)와 게리 슈나이더(Gary Snyder)중심의 '비트파 시인들', 로웰(R. Lowell)이나 뢰트키(T. Roethke)의 '고백파 이인들', 그리고 오하라(Frank O'Hara)나 애쉬베리(John Ashberry)이 중심이 된 '뉴욕파 시인들(하버드 대학 출신 시인들) 등이었다.

결론적으로 아직도 이 포스트모던 시대의 여러 시인들이 실험 시들을 통해 '통합시론'을 바탕으로 하는 형이상시론을 소위 '이성시학'으로 매도하고 해체시키지만, 모더니즘 시학이나 신비평 시학원리(랜섬

J.C. Ransom, 이나 앨런 테이트 Allen Tate 중심의)를 넘어서지 못한 채 시의 질적 저하를 초래하게 되었다. 따라서 본인은 지금까지 나타난 수많은 시론이나 시작법들 중심에 흔들림 없이 오랜 세기를 견디고 지속적으로 굳건히 그 생명력을 활발하게 나타내고 있는 것이 존던의 형이상학 시학의 원리라고 감히 주장하는 바이다. (본 주제 강연이 20분이라는 제약으로 충분하지 못한 점 양해를 구합니다)

〈참고문헌〉

Brooks, Cleanth, *The Well Wrought Urn: in the Structure of Poetry,* New York, 1971.

Clements, A. L. ed. *John Donne's Poetry,* New York: W.W. Norton. 1966.

Grierson, H. J. C. ed. *Metaphysical Lyrics and Poems of the Seventeenth Century*. Oxford, Clarendon Press, 1958.

Eliot, T. S. *The Varieties of Metaphysical Poetry,* Faber and Faber, 1993.

______, *Selected Essays*. London: Faber and Faber, 1980.

Gardner, Helen, ed. *The Metaphysical Poets*. new York: Penguin, 1982.

Mahood, M. M., *Poetry and Humanism,* New Haven: Yale University Press, 1950.

Redpath, Theodore. *The Songs and Sonnets of John Donne,* London: Methuen, 1956.

Ransom, John Crowe, *The new Criticism,* New York, 1941.

Richards, I. A., *Principles of Literary Criticism,* London, 1924.

Simpson, E. M., ed. *John Donne: Essays in Divinity,* Oxford, The Clarendon Press, 1952.

Tate, Allen, *On the Limits of Poetry: Selected Essays,* 1928-48, new York, 1948.

청계문학회 임원 명단

고문	:	도창회
후원회장	:	모춘자 조혜자 신동명 김문중 장상우 서병진 장길재 김성계 고봉훈
연주회장	:	김승수
청계문예대학 학장	:	김현숙
청계문예대학 교학처장	:	이혜우
자문위원	:	정정채 김종균 임영섭 김원중 김태진 박은순 윤성환 박종수 조영술 백원기 김석심 윤덕진 임상빈 김기진 전홍구 전성경 김경희
문학상 심사 위원	:	도창회 김현숙 윤해규 서병진 김성열 신동명 이용대 장현경
회장 겸 발행인	:	장현경
편집주간	:	김현숙
편집이사	:	정정채 이혜우
부회장	:	서봉산 정금자 장경복
감사	:	이상철
시낭송위원장	:	모춘자
시낭송 이사	:	정정채 이경선 최해연 이소강 김태진
행사진행위원장	:	장경복
사무국장	:	유성복
사무차장	:	김대영
기획실장	:	이혜우
총무이사	:	마영임
운영이사	:	박두심 최미정 이태명 이춘명 최해연 지혜인 이소강 남상언 이순희 노화식 박진광 이인자
홍보위원장(대변인)	:	김대영
청계산악회 단장	:	지혜인
사회자	:	고경자 이경선
카페관리위원	:	이혜우 이태명 이춘명 마영임 유성복 김대영 최미정
문예창작반 반장	:	윤덕진 지혜인
자연식과 건강식 강사	:	최미정

清溪文學

제2호 / 2012
발행일 2012년 9월 6일

발행처 **清溪文學會**
회장 겸 발행인 장현경
주　　간 김현숙
편 집 이 사 정정채 이혜우

143-885 서울시 광진구 중곡동 40-3
전　화 | 010-5338-7925, 02-456-7925
이메일 | wedgus@hanmail.net
카　페 | 『청계문학』 원고 접수방
http://cafe.daum.net/limpidstream

제작처 **을지출판공사**
제작인 윤해규
주 간 김효열
편집장 김경희

서울시 마포구 서교동 394-81 홍익B/D 3층
등록번호 | 제 2-741 호
등록일자 | 1985 년 2월 14일
전　　화 | 02) 334-4050 · 4090
E-mail : ejp4050@hanmail.net

값 12,000원

편집 후기

창간호가 발행된 지 엊그제 같은데, 벌써 일 년이라는 세월이 흘러 또 청계 문인들의 글 밭을 일구게 되었다.

문학지는 한 문학회의 혈맥을 이어주는 중요한 혈통의 정수이며 역사다. 문학지 발행은 일반서적 편찬과는 다르다고 할 수 있다. 그것은 문학에 관한 상식뿐만 아니라 순수문학의 기풍이 내재되어 있어야 한다.

그러므로 시대의 흐름에 따라 신구와 선후 상하 간의 조화에 따른 세대 간 갈등을 여하히 조화롭게 접목하는 것이 우선 과제인 듯하다. 따라서 문학지는 일상생활 도구로서의 문학지가 되어야 하고 후예들의 도덕심 앙양과 역사 바로 알기에 힘써야 함은 당연지사라 하겠다.

주룩주룩 오는 비, 찌는 듯 불볕더위도 있어 풍성한 가을만큼이나 글 밭이 풍작이라는 예감이 든다.

올해에도 모든 문인이 원고 마감 시간을 잘 지켜 주셨고, 바쁘신 가운데 문학을 위하여 봉사하는 마음이 넘쳐 문학 저변 활동에 크게 이바지해 주실 것을 믿어 의심치 않는다. 수고하신 편집위원님들과 원고를 보내주시고 격려해 주신 모든 분께 깊은 감사를 드립니다.

〈편집부〉